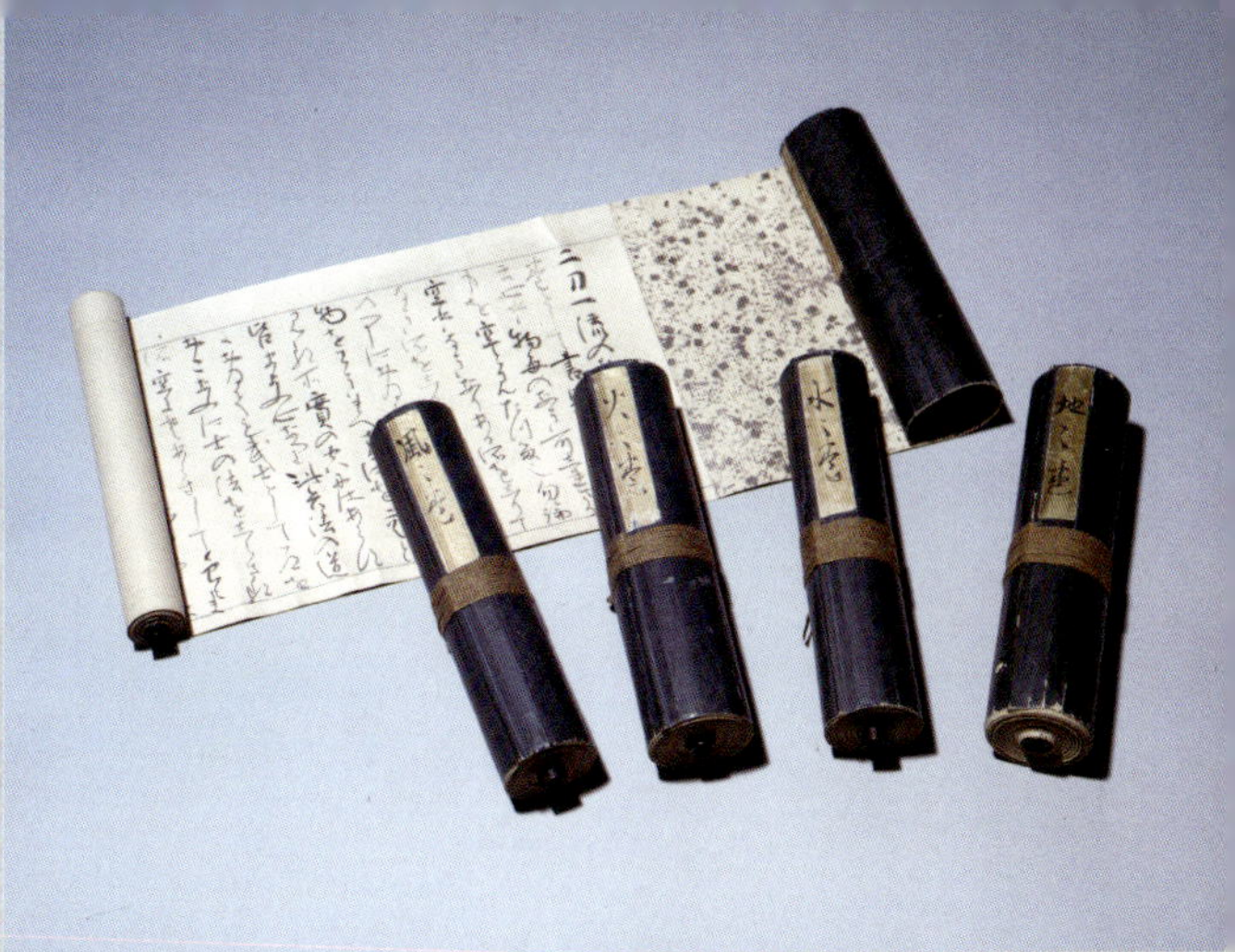

宮本武蔵『五輪書』写本
（永青文庫蔵）

日本刀
（銘・肥後國住赤松太郎兼裕作）

嘉納治五郎
（講道館蔵）

菱田春草画「講道館における嘉納治五郎」（富士見町時代の道場画）
（講道館蔵）

阿波研造
（東北大学史料館蔵）

剣道・京都大会（中倉清―長谷川寿戦）
（『徳江正之写真集　剣道・伝説の京都大会（昭和）』より）

武道と日本人

世界に広がる身心鍛錬の道

魚住孝至

青春新書
INTELLIGENCE

はじめに

柔道と空手道は2020年東京オリンピック大会の競技種目なので、様々に話題にのぼるであろうが、試合だけでなく、試合後の選手の態度も注目される。武道では、道衣・道着を整え、礼をして終わる。他の競技よりも、節度ある態度が見られるはずである。

前回の東京オリンピックの時、柔道の無差別級の決勝で勝ったヘーシンク選手が、喜んで試合場に駆け込んでこようとしたオランダ人を制し、神永選手を敬して礼をした。道上《みちがみ》伯《はく》の指導により、技だけでなく、「自他共栄」の柔道精神を立派に身につけていたのである。

それから半世紀余り、海外での武道の普及はものすごい。柔道や空手道の道場や教室は、世界中のほぼ全ての国にある。ロシアのプーチン大統領は自らの柔道場を持っている。

けれども武道が今や世界中に広まっていることを多くの日本人は知らない。フランスやドイツで招かれた家の少年が、「僕は柔道で何色の帯なんだ」と得意げに語りかけても、柔道は級の内は白帯で、初段以上が黒帯だとしか知らない日本人は、何のことか分からず戸惑うだろう。

武道には、柔道や空手道だけでなく、剣道や弓道など様々なものがある。外国のビジネスマンが『五輪書』を日本の経営戦略だと語ったり、武道の修行は禅に通じると論じたりする人がいることに、驚くかも知れない。

一般の方は、学校の体育で柔道などを少し学んだことがあっても、それ以外ほとんど知らないのではないか。2012年から中学校で武道が体育の8領域の1つとして必修化されたので、武道9種目のいずれかを学ぶことになっている。その種目を学ぶことで、「武道の特性や成り立ち、伝統的な考え方」を理解することが学習指導要領で求められているが、では、武道の特性とは何か、どこに伝統的な考え方が現われているのか明確ではない。体育教員も、実技指導を行えても、「伝統的な考え方」とはいかなるものか、よく分からないのではないか。

武道の書籍は、一般の大学の図書館にも、公立の図書館にもほとんどない。書店でもスポーツのコーナーにあるが、武道各種の実技の説明だけで、武道の精神に関してはほとんど語られていない。そもそも武道を日本文化として論じた本は、これまでほとんどない。

宮本武蔵は、小説や映画、テレビ、劇画で巌流島の決闘などフィクションは大変有名だが、武蔵自身が書いた『五輪書』の内容はほとんど読まれていない。剣の鍛練に生涯をかけたところから紡ぎだされた深い人生知を知ることがないのは、残念なことである。

武道には、生涯鍛練という考え方が強い。剣道などでは高齢の高段者が壮年の者の打ちを軽々と捌《さば》いて打ち返している。むしろ50歳を過ぎてから剣道の醍醐味が分かったという人も多い。弓道でも高段者には「射風」「射品」が感じられる。柔道でも競技から引退しても鍛練を続けている人には独特の風がある。競技をしない合気道では高齢者も稽古している。70、80歳代でも武道を指導している人もいる。競技スポーツにはない武道の特性と言える。

武道場では、高齢者が年少者の指導をしていることも多い。技だけでなく、礼儀から道具の扱い方、先輩への接し方なども指導される。稽古の後の談笑で、様々な人生経験が次世代へと伝えられている。大量の情報があふれている社会だが、実際に身体で以って直接的な交流の場として道場は貴重である。年齢層を越えた文化の伝承の場として、武道はもっと見直されてよいと思う。

本書では、まず第1章で、東京オリンピック種目の柔道と空手道について考える。

第2章で、柔道、空手道に加えて、剣道や弓道などの武道の9種目、さらにその基盤となった江戸時代以来の古武道を合わせて、武道のあり様全体を考えることにする。

第3章では、武道文化が成立する基盤を考えるとともに、江戸時代に武士によって鍛練されていた武芸とその精神を振り返る。

第4章では、明治維新以来の武道の近代化の過程を、第5章では、戦後占領下の武道禁止令から武道が復活してから21世紀までのあゆみを、それぞれの時代の社会の動きとともに考える。

第6章では、世界で読まれている武道書の内容を見直したい。外国人が弓道を学んだ経験を書いた『弓と禅』と、江戸初頭に剣術鍛練を核として武士の生き方を説いた、武道の究極の書とも言える『五輪書』とを、最新の研究を踏まえて読み解いてみたい。

終章では、武道の特性をまとめるとともに、グローバル時代の現代、武道が人類の文化に寄与する可能性について考えてみたい。

新書なので個々の出典などは記さずに、特に重要な典拠と出典等を記した拙著・拙稿を注に掲げる。また、武道の主な参考書を巻末に紹介する。

武道と日本人　世界に広がる身心鍛錬の道　目次

第3章 武道の源流とその精神

終章　武道が持つ可能性

第1章

2020年東京オリンピックと武道

＊　＊　＊

2020年7月24日から8月9日まで、東京オリンピック大会が開催される。33の競技種目があるが、開会式の翌日からは柔道が階級別と混合団体で8日間、また後半の3日間には空手（空手道）が日本武道館で開催される。欧米が発祥の近代競技・現代競技種目が並ぶ中で、日本発祥の武道の2種目が実施されるのである。柔道と空手道は、競技者が世界中に広がり、世界選手権大会が開催されており、国際オリンピック委員会（IOC）で大会の競技種目として決定されているのである。

競技の模様は、テレビで放映され、インターネット上でも様々な情報があふれることになるであろう。新たなヒーロー・ヒロインも生まれて、競技の目立ったシーンが繰り返し放映され、注目されることだろう。

まず、柔道と空手道はどのような歴史を持ち、その競技の特性は何かを考えておきたい。また、空手道を母体として戦後韓国で展開し、オリンピック種目となっているテコンドーについても、参考として言及することにする。

＊　＊　＊

2020年東京オリンピック大会・パラリンピック大会（実施予定）

オリンピック大会（全33競技）7月22日～8月9日 パラリンピック大会（全22競技・＊印）8月25日～9月6日			
水泳	＊	近代五種	
アーチェリー	＊	ボート	＊
陸上競技	＊	ラグビー	＊（車いす）
バドミントン	＊	セーリング	
野球・ソフトボール		射撃	＊
バスケットボール	＊（車いす）	スケートボード	
ボクシング		スポーツクライミング	
カヌー	＊	サーフィン	
自転車競技	＊	卓球	＊
馬術	＊	テコンドー	＊
フェンシング	＊（車いす）	テニス	＊（車いす）
サッカー	＊（5人制）	トライアスロン	＊
ゴルフ		バレーボール	＊（シッティング）
体操		ウェイトリフティング	＊（パワーリフティング）
ハンドボール		レスリング	
ホッケー			＊　ボッチャ
柔道	＊		＊　ゴールボール
空手			

オリンピック大会（柔道・空手）				
柔道	競技場・日本武道館			7月25日～8月1日
男子	60kg級	女子	48kg級	7月25日
	66kg級		52kg級	26日
	73kg級		57kg級	27日
	81kg級		63kg級	28日
	90kg級		70kg級	29日
	100kg級		78kg級	30日
	100kg超級		78kg超級	31日
男子（混合団体・各国6名）	73kg以下	女子（混合団体・各国6名）	57kg以下	8月1日
	90kg以下		70kg以下	
	90kg超		70kg超	
空手	競技場・日本武道館			8月6日～8日
女子（形）				8月6日
男子（組手 67kg級）女子（組手 55kg級）				
男子（形）				7日
男子（組手 75kg級）女子（組手 61kg級）				
男子（組手 75kg超級）女子（組手 61kg超級）				8日

パラリンピック大会（柔道）				
柔道	競技場・日本武道館			8月28日～30日
男子	60kg級	女子	48kg級	8月28日
	66kg級		52kg級	
	73kg級		57kg級	29日
	81kg級		63kg級	
	90kg級		70kg級	30日
	100kg級		70kg超級	
	100kg超級		—	

（2019年8月13日時点）

柔道

柔道の起源と競技方法

柔道は、明治中期の1880年代に嘉納治五郎によって伝統的な2流派の柔術を再編成して創始された。畳の上で、対戦する両者が柔道衣を着て礼をしてから競技が始まるところは日本的である。柔術は技を掛ける「取《とり》」と「受《うけ》」で決められた技を形《かた》として稽古していたが、嘉納は、競技では相手の急所を打ち、突き、蹴る当身技《あてみわざ》を禁じ、両者が組んで、自由に技を掛け合う乱取《らんど》りを多く導入し、投げ技と固《かた》め技で「一本」を競うようにした。

投技では、「強さ、速さ」を持って、「相手の背中をつける」というインパクトある場合が一本である。固め技は、相手を仰向けにして抑え制する抑《おさ》え込《こ》み技《わざ》、相手の首をその柔道衣の襟で絞めるなどの絞《し》め技《わざ》、相手の肘関節を逆に伸ばしたり、ねじったりする関節技《かんせつわざ》がある。「抑え込み」と認められて一定時間相手の動きを制した場合と、相手が「参った」をした場合が一本である。柔道は、組んで投げ合い、抑え込む、さらには捨て身技で自ら引き込んで倒れつつ相手を投げる。一本で勝負を決するのが本来であるが、一本に近い「技あり」は2回で一本となる。殴り合いや蹴り技はないが、服を摑むことができれば、相手を完全に制する極めを持った実戦的な技があり、総合格闘技などでも使われている。

オリンピックとの関係

柔道は1964年の東京五輪で五輪種目になった。けれども次の68年のメキシコ五輪では競技から除外されたので、イギリス人が会長となった国際柔道連盟（IJF）は階級制を細分化し、それまで扱っていた講道館の審判法とは異なるIJF審判規定を作るようにして、猛烈な運動を展開し、次の72年のミュンヘン五輪から復活した。女子柔道は1988年のソウル五輪で公開競技となったのが始まりで、92年のバルセロナ五輪からは正式種目になっている。現在IJFの加盟国・地域は205を超え、柔道は今や世界中で行われている。

2020年東京オリンピックでの競技方法

2020年東京オリンピック大会では、開会式の翌日から柔道競技が日本武道館で始まる。(1) 体重でクラス分けされており、男子は60kg級から73、81、90、100kg級、100kg超級まで、女子は48kg級から52、57、63、70、78kg級、78kg超級までの7階級と、男女の混合団体戦が8日間にわたって戦われる。当日、テレビ中継されるのは準決勝以上だが、朝から予選、準々決勝、敗者復活戦があり、1日で決勝まで行われる。

参加選手は、男女とも各階級で世界ランキング18位以内の選手と、開催国枠、各大陸枠、それに委員会招待枠の各国代表選手で計386人である。決勝までトーナメントで戦い、4から5試合を勝ち抜かなければならない。彼らはIJF指定の国際大会で何度も戦ってポイントを得た者たちである。これに東京オリンピックから、新たに混合団体が加わった。最終日に、男子73kg以下、90kg以下、90kg超、女子57kg以下、70kg以下、70kg超の計6人の選手による国別の団体対抗戦である。

畳の場外は赤、選手の柔道衣は白と青でカラフルである。審判は主審と2人の副審であるが、その他にも試合場の主任審判員（ジュリー）がアドバイスをし、ビデオ判定も取り

2019年世界柔道大会の男女混合団体決勝でフランス選手を破った影浦心選手（共同通信社提供）

入れられている。以前から柔道競技を見てきた人なら、選手の攻めが激しくなっているのに気づくだろう。技の判定が、２００９年から一本、有効、効果の3段階から、一本と技ありの2段階に変更された。豪快に一本が決まった時点で勝負がつくことは変わっていない。２０１６年末のＩＪＦのルール改正により、試合時間が5分間から4分間に短縮された。固め技は抑え込みが宣せられてから10秒で技ありとなり、以前は25秒だったが20秒で一本へと短縮された。スピーディでダイナミックな柔道が志向されている。

柔道競技の見どころ

現在ＩＪＦでは使用可能な技を、投げ技62本、固め技30本と定めている。各選手は、それぞれにいくつかの得意技を持って戦うことになるが、相手の弱点を突き、相手を崩して、いかに得意技で仕留めるかが勝負の見どころとなる。選手は、互いに何度か対戦経験があることが多い。しかし、常に進化している相手選手の特徴をつかむために、選手自身はもちろん、担当コーチも、スポーツ科学を駆使し、様々なデーターを選手に提供し、選手はその情報を基に作戦を立てることになる。

当然、相手も十分に研究してくるので、試合ではいくつかの技を組み合わせて連続して技を施すことが多くなる。また、相手の技を返して投げる「返し技」などは、とっさの判断で施すこともあるが、多くは事前に相手の技を予測し、それに合わせて施すことになる。

固め技は一般に「寝技」と呼ばれる。寝技はスムーズな進展がなければ審判の「待て」によって止められる。寝技の得意な選手は、この「待て」の宣告の前に素早く攻撃することが求められる。この寝技にも多くの技術が存在するが、常に個性的な技術が開発されており柔道ファンには見逃せないところでもある。

いくら優れた技であっても、それを施すためには強い体力が必要である。1日に予選から決勝まで戦うための体力を養うために選手はスポーツ科学を積極的に取り入れ、日々厳しいトレーニングに励んでいる。

試合場にはコーチが座る「コーチボックス」が設置されている。コーチは、決められた服装規定に従ってコーチボックスに座ることになる。コーチは選手が戦っている時間帯は選手に対してアドバイスすることが出来ない。審判が何らかの理由で「待て」と言って戦いを止めた時から再び「始め」のコールが宣せられる間の短い時間だけアドバイスが可能である。この規定に反した場合は、コーチは注意を受け、再度行うと試合場から退場となる。

２０２０年東京オリンピックにはブラジルやポルトガル、コロンビアなど日本人コーチを配している国もあるので注目したい。

オリンピック出場までの道のり

オリンピックはナショナルチャンピオンであれば誰でも出場できるわけではない。各競技には参加選手の数が割り当てられている。柔道競技への割り当ては約３８０人である。これを男女7階級に均等に振り分けると1階級27人程度。このオリンピック出場資格を決めるのが世界ランキング制度である。柔道は２００９年からこの制度を取り入れている。大陸枠、特別招待枠などの選手もいることを考慮すると、世界ランク18位以内にいないと出場は危ぶまれる。ランキングポイントは国際大会のレベルによって定められており、各大会後にＩＪＦによって更新され発表される。また、ランキングトップ8はシードの対象となるので、選手はポイント獲得のために多くの大会に出場することになる。当然、怪我のリスクも増えることになる。

柔道は体重制の競技であるため、選手にとって体重のコントロールは必要不可欠である。そのため栄養士のような知識を持ち合わす選手も少なくない。選手のほとんどは減量して試合に臨むことが多く、減量の良し悪しは試合にも大きな影響を及ぼすことになる。選手の体重測定は試合前日の夕方行われる。

現在では、ドーピングは選手にとって最も重要である。禁止薬物が検出されると選手生命を失いかねない。禁止薬物は時として他の食物と一緒に、本人の望まないうちに体内に入る時もある。ドーピングに関する指導は強化委員会によって常時なされているが、ドーピングチェックは、試合とは関係なく、各国のオリンピック委員会により事前通告なく突然行われるので、候補選手は常に気を抜くことが出来ない。

オリンピック出場への道のりはかくも険しいのである。

メダルを取るより難しい日本代表決定

日本には柔道選手が多いので、全日本強化選手になるのが非常に難しい。有力な選手は大抵年少の時代から注目されていて、強豪の学校に進学する。寮を備えて合宿形式の練習環境がある学校が多く、有望な若手が集う中で代表選手になり、各種大会で活躍すると、その上位の大会に出る。都道府県、ブロック別、全日本と大会も大規模になり、ライバル選手は多い。全日本強化選手になるといくつかの国際大会に出場し、好成績をおさめる必要がある。ランキングの資格を得ても日本の代表選手は各階級1人である。

東京大会の代表決定は、前年の世界選手権大会や2020年2月までの指定された国際大会の成績を評価して強化委員会で決定される。それでも決まらない階級は4月の全日本体重別選手権大会で決定される。

代表選手になると、日本中の期待を背負うことが意識される。特に柔道は日本が発祥で「お家芸」という意識がある中で、さらにオリンピック大会の最初に行われる競技でもあり、選手にかかるプレッシャーは非常に大きい。選手にも、好不調の波もある。大会の大観衆を味方につけて波に乗れる選手がいる一方、強いプレッシャーを感じる選手もいるであろう。

それぞれに所属のコーチがおり、全日本柔道連盟の強化コーチもいる。普段から追い込んだ稽古をしていないと、いざという時に力を発揮できない。ほとんどの選手にとっては生涯にたった一度の大舞台である。個人競技であるだけに、畳の上にあがれば、あとは相手と自分自身との熾烈な戦いである。オリンピックの舞台では、何万人もの観衆がおり、そして語り継がれるドラマも生まれる。何が起こるか分からない。観客は一瞬の技に魅了されるが、選手のそれまでの目に見えない大変な努力に思いを致したい。

パラリンピック大会柔道

柔道は、男子が1988年のソウル大会から、女子は2004年のアテネ大会からパラリンピックの正式種目になっている。[2] 柔道の場合は、視覚障がい者の選手で全盲から弱視の3クラスに分かれるが、試合は障がいの程度に関係なく体重制で、オリンピックとほぼ同じ男子6階級、女子5階級（最重量70kg超）で行われる。2020年パラリンピックでは、大会前半の3日間、日本武道館で行われる。

基本的にオリンピックのルールと同じであるが、両選手が相手の襟と袖を持って組み合った状態から「はじめ」となる。組み手争いがないため、いきなり一本を狙った大技が掛けられることもある。途中で両手が離れたら、「待て」がかかり、選手は組んだ状態に戻される。場外に近づくと、主審が「場外、場外」と声をかけて、中央へと誘導する。場外に出た場合は中央に戻って組み直しとなる。コーチが攻めの指示や残り時間を言うことが認められている。

パラリンピック柔道も世界中に普及しており、2016年の大会では36カ国、129名の選手が参加した。18カ国が1個以上のメダルを獲っている。日本は開催最初から参加し、毎大会で1個以上のメダルを獲得している。

空手道

空手道の起源とその広がり

空手道の起源は、琉球王国（沖縄）で秘密裏に展開されていた徒手格闘技である[2]。
１９０５年に伝統的な型に初心者用の型を加えた唐手術が、沖縄県立師範学校で体育の正科として実施された。１９２０年代に日本本土に紹介されたが、元来沖縄でも3つのルーツがあり、本土では東京と関西を拠点として広める者が異なった形を教えた。さらに東京の大学生を中心に、防具を着けたり、「寸止め」（打突《だとつ》寸前で技を止める）によって、二人で打ち合う組手の競技が工夫された。本土に紹介された時、柔道衣を転用した空手道着をはじめ、段位や黒帯なども取り入れるなど柔道の影響も大きかったが、１９３０年代に大日本武徳会の柔術部門に4大流派が登録された。戦後沖縄は本土と切り離されて米軍施政下に置かれたが、沖縄独自の流派が展開した。

空手道は戦後に欧米を中心に世界中に伝播して、１９７０年に世界空手連合（ＷＵＫＯ）が33カ国で発足、１９９２年には１５０カ国を超えて世界空手連盟（ＷＫＦ）に改称し、

1999年にIOC公認団体になり、現在199の国・地域が加盟している。

競技方法

空手道は、元来は中国拳法が琉球で展開したものなので、突き、打ち、蹴りがある。競技は「形」と「組手」がある。

形競技は、仮想の敵に対する攻撃技と防御技を組み合わせた一連の演武で、元来はこれが伝統的な稽古法であった。競技としては男女別に1対1で形を演武して審判の採点で勝ち抜く方式である。

組手競技は、8m四方の試合場で、二人の選手が、決められた部位に突きや打ち、蹴りの技を出して、ポイント数で競う。拳と足にサポーターをつけて打ち合うが、突きと打ちは直接の打撃をせずに、寸止めにする。

空手道の組手は元々一本勝負であったが、2000年のWKFルール改正以降、ポイン

2014年世界空手道選手権で優勝した清水希容選手（時事通信社提供）

ト制での勝負になった。ポイントになるのは、相手の決められた部位に体勢を保ってコントロールされた威力ある技が決まった場合である。攻撃部位は、頭部・顔面・頸部を「上段」、胸部・腹部・脇腹・背部を「中段」というが、「一本」は上段蹴りと投げや足払いで倒した後の有効技で3ポイント、「技あり」は中段への蹴り、背面への突き、得点に値する複合の手技や、相手を崩して得点した場合で2ポイント、「有効」は、中段、上段への突き、打ちで1ポイントである。

オリンピック競技種目となるまでの道程

空手道は、本土には4大流派があり、沖縄にも別の諸流派があって、競技方法も様々であり、日本での統一もなかなか難しかった。その間に、空手道の一流派を母体として韓国で発展したテコンドーが、世界選手権を開催し、IOCへの加盟も認められ、1988年のソウル五輪から公開競技、2000年のシドニー五輪から正式種目になった。空手道各派は統一してオリンピック種目を目指したが、似た種目のテコンドーがあるので、申請のハードルが高くなっている。WKFは、競技として分かりやすくするために、2000年から大幅なルール改正をして、一本から打突部位によるポイント制となった（一本の名称は残っている)。オリンピック種目となるために、WKFは様々な運動をし、ルール改正を繰り返し、競技としての分かりやすさを追求した。そしてようやく2020年東京オリンピックで初めて競技種目に採用された。

2020年東京オリンピック大会での競技方法

形競技では、演武する技は、WKFが認定した102種類の技(4大流派の形の技が基礎になっている)から選んで演武するが、同じ試合で1度使った形は使えないルールがあるので、予選から決勝までどの相手に対してどの段階で、自分の得意技を出すのかが勝敗の分かれ目になる。(3) 世界選手権では、5人の審判による旗判定であるが、オリンピックでは7人の審判による採点形式になった。3人で同時に形の演武を行う団体形競技は、世界選手権にはあるが、オリンピックでは行われない。

形の演武は、準決勝や決勝では各選手の最も得意な形が選ばれるが、形によって突きや蹴りの構成が異なっている。最初に形の名を大きな声で宣してから演武する。突きや蹴りに力強さ、スピード、リズム、バランスがあり、一連の流れがあり、技にキレと迫力があることがポイントとされる。優れた選手は声を出し、気迫に満ちているが、激しく動いても技を自ら見ているような雰囲気が感じられ、1分間ほどの演武が一つの物語のように感じられる。

組手競技では、対戦者は青と赤で色分けされた帯を着け、それぞれ同じ色の拳サポーターと足の防具（フットシンガードとインステップガード）を着ける。男女とも3分間の試合で、相手の決められた部位に対して、良い姿勢で威力のある攻撃を行い、適切にコントロールされた技がポイントとなる。前述のように、「有効」が中段への突き、上段への突きなどによるもので1ポイント、「技あり」は中段への蹴り、背面への突き、相手を崩し得点した場合などで2ポイント、「一本」は上段への蹴り、倒した相手への突きなどが決まったときで3ポイントである。終了時点でのポイントが多い方が勝ちとなる。同点の場合はポイントを先取した方の勝ちとなる。一本の判定があっても、その時点では終了しない。8ポイントの差がついた時、また棄権、反則、失格の時は相手選手の勝ちとなる。反則はコントロールせずに故意に攻撃部位に当てる「過度の接触」、「禁止部位への攻撃」、「負傷を装い誇張する」、「繰り返し場外へ逃げる」、「無防備」、「攻撃しない」などである。

打ち込みに対する応じ技で強烈な打ちが決まることもある。相手の技をいかに受けつつ、それが同時に攻めになっているかが見ものである。突いた後、蹴りがすばやく出ることもある。高得点の蹴りを狙うことが多いが、逆に足払いで倒されることもある。

組手競技は、男子は67、75kg級、75kg超級、女子は55、61kg級、61kg超級の3階級で実施される。大会の終盤の3日間に日本武道館で行われる。選手は、世界ランキング制の50位以上で、各国・地域の1名で、各階級10名の選手で戦われる。2年間の国際大会の好成績が必要で、かつ国の代表選手になるには熾烈な競争がある。初めてのオリンピック種目なので、期待は高まっている。形競技は、世界選手権で連覇している有力な日本選手もいて、応援が盛り上がるだろう。組手競技では、手足の長さで優る外国人選手に有力選手が多い。

パラリンピックと次回のオリンピック

世界選手権では障がい者の空手道はあるが、2020年東京パラリンピックでは空手道は実施されない。

さらに残念なことに2024年のオリンピックパリ大会では競技種目から除外されることが決定した(2019年2月)が、WKFはオリンピック種目への復帰に向けて運動を始めている。

（参考）テコンドー

起源とオリンピックとの関係

テコンドーは「韓国の国技」とされているが、空手道との関係が強いので、参考として、その成立と競技のあり様を簡単に紹介する。

韓国では、１９４４年から李元国の「唐手道青濤館」など空手道場がいくつか設立されていた。(4) 松濤館《しょうとうかん》空手道を習っていた韓国軍の崔泓熙（チェ・ホンヒ）が１９５４年に韓国大統領の前で空手の演武をして激賞されたが、名称を問われて反日感情の強い大統領に空手とは言えなかった。崔は翌年有識者で名称制定委員会を立ち上げ、「跆拳道（テコンドー）」と決定した。５９年には「大韓跆拳道協会」を創立、『跆拳道教本』も出されたが、空手の形に独自の形も加えていた。１９６６年に崔は理事による不信任で会長を退任、別に国際跆拳道連盟（ＩＴＦ）を設立した。崔は自らの号の蒼軒《そうけん》流24の形を作ったが、大韓跆拳道協会は６７年に、空手の形から「八卦」８種など、韓国式の名称を与えたテコンドーの形を完成させた。

崔は競技化には否定的であったが、大韓跆拳道協会は、競技スポーツ化させ、空手の寸止め方式に対して、防具を着けてフルコンタクトとし、技法的にも手技より足技をより多く使うルールを制定して、頭部と胴を攻撃部位としてポイント制にすることになった。72年に崔がカナダに亡命し、ITFをトロントに移転したが、翌年には韓国は国技院を設立、世界跆拳道連盟（WTF）を創立し、世界大会を開催した。空手道が、伝統ある流派や各派の対立があったため、オリンピックへの取り組みが遅れていたのに対して、WTFは国家的なバックアップも得て、75年にはIOCの管轄する国際競技連盟に加盟し、80年にIOCの公認種目となり、88年のソウル五輪では公開競技となり、2000年のシドニー五輪から正式種目となった。以後、2020年東京オリンピックまでオリンピック種目であり、さらに2020年東京パラリンピックの種目にもなった。

オリンピック種目としてのテコンドー

テコンドーには、形（型：プンセ）があるが、オリンピック種目では競技（キョルドー）のみが行われている。(5)

8mの八角形のマットで、1ラウンド2分間、3ラウンド（インターバル1分間）で戦う。頭部にヘッドギア、胴体に防具を着けている。2012年のロンドン五輪以来、センサーが付いた防具を着けている。前蹴り、横蹴り、回し蹴り、後ろ回し蹴り、かかと落としなど、足技が多彩である。手技もあるが、顔面は禁止なので胴体部への攻撃である。下半身への攻撃は禁止されている。防具があるので、力いっぱいのフルコンタクトの攻撃だが、頭部へのストレートな蹴りは3ポイント、回し蹴りが入ると5ポイント。胴部へのストレートな蹴りは2ポイント、回し蹴りが入ると4ポイント。胴部へのパンチは1ポイント。逃げてばかりの消極的な態度では減点される。倒れた後、審判の8カウントまでにファイティングポーズを取れないとKO負けとなる。大抵はポイント差で勝負は決する。

男女で4階級が行われる。大会中盤で4日間、会場は幕張メッセで行われる。韓国選手が強いが、中国勢、ヨーロッパ勢や南北アメリカ勢も活躍している。過去の日本選手のメダル獲得は銅メダル1個である。

パラリンピック大会のテコンドー

2020年大会から、パラリンピックにも新たに登場した。上肢を切断したり、機能障がいがある者が対象で、選手の装備や競技方法は基本的にオリンピックとは変わらないが、頭部への蹴りは反則となるので、胴体部への蹴りの応酬となる。男女の体重別階級で大会終盤の3日間、幕張メッセで行われる。

現代のオリンピックを取り巻く状況と柔道・空手道の変容

オリンピック大会は、今や国際的な最大級のイベントの一つである。オリンピックは政治－経済－社会が深く関与しており、開催する都市よりも国の強力な後押しがある。開催地の都市改造のみならず、国家的なインフラ整備なども伴い、メディアの放送権料も莫大で、開催地の決定や競技種目の選定は、IOCや各種連盟の大きな利権ともなっている。

1964年の東京オリンピックは10月開催であったが、現在では開催時期が、最大のスポンサーであるアメリカメディアの意向により、アメリカの人気スポーツが低調な時期の7月末～8月初めとされている。日本では最も酷暑の時期であり、暑さ対策に膨大な出費が強いられる。さらにテロ対策にも莫大な費用がかかってくる。

競技施設や選手村の建設などにも莫大な財政が投じられるが、大会後にいかに活用するか、そのレガシー（遺産）が問題になる。大会期間中に一時的に膨れ上がる外国人観光客を当て込んで、民間業者も宿泊施設の建設に大規模な投資を行う。

オリンピックで自国選手がメダルを獲得することによる国威発揚を狙って、国は選手強化に莫大な予算を投じている。日本では、ナショナルトレーニングセンターや国立スポーツ科学センター、アスリート・ヴィレッジがあり、競技別にトレーニングセンターが指定されている。企業も強化選手を応援する。

現代ではオリンピックは、単なるスポーツの祭典ではなく、国際的、国家的な大イベントなのである。

オリンピック選手の栄光と影

選手の側から見ると、企業に所属しても、会社業務は軽減されて、トレーニングに打ち込み、好成績をあげて社名を広めることが期待されている。各種目では、国際大会での成績で世界ランキング制を取ることが多く、柔道も空手道もそうしているので、有力選手は常に国際大会で上位でなければ出場資格も得られない。

他種目では練習拠点を海外に置き、また海外のコーチの指導を受けることも珍しくない。柔道と空手道は日本が盛んなので、外国選手が日本へトレーニングしに来ることが多い。

国や競技団体から強化選手に選ばれたトップ選手は、様々な支援を受けて優遇されてグローバルな活躍をしている一方、あまり知名度が高くない種目や強化から外れた選手や怪我をした選手は途端に窮地に陥る。年少期から競技に打ち込んでいるので、途中からの他への転身が難しい場合もある。

さらにオリンピック選手として活躍できるのが、多くの種目で10歳代後半から30歳代前半である。競技引退後の生活や活躍の場をいかに見つけていくかが問題である。

オリンピック種目の中での柔道の変容

オリンピック種目33競技の中で、武道は特異である。格闘技であるが、着物を簡略化した道衣・道着に帯を締める。対戦前と後に互いに日本式の礼をする。単に投げたり、倒したりしただけでは一本とは見なされないが、一本と宣せられたら、そこで勝負は決する。ラウンド制は取らず、作戦タイムはない。選手個人の身と心の勝負になる。空手競技では、仮想の敵に対して演武する形競技もある。競技化されてはいるが、日本的な性格を残している。

けれども、柔道はオリンピック種目となって大きく変容している。(6)国際柔道連盟(ＩＪＦ)

は、当初日本が加盟した1952年には講道館長の嘉納履正《りせい》が会長に就任したが、メキシコ五輪で柔道が競技種目から外されたので、1965年の選挙で再任は拒否され、イギリス人のパーマーが会長となって14年間も会長職にあって改革を進めた。ＩＪＦのルールは当初は講道館の試合審判規定を用いていたが、1965年イギリス人会長に代わってからＩＪＦ独自の審判規定を設けるようになる。体重制が1964年の無差別級を含む4階級から6階級になり、さらに7階級に変更された。本来、「小よく大を制す」で、体重無差別で戦うものというイメージが強い日本は細分化に反対したが、ＩＪＦで可決された。さらに1973年には判定基準に「有効」「効果」が採用された。本来「一本」を目指すとして日本は反対したが、可決された。この頃からロシアのサンボやレスリングなど、各国の格闘技のスタイルを取り入れることが活発になる。

1979年から8年間は日本の松前重義が会長となったが、1987年以降外国人の会長である。1997年には、ＩＪＦは「ブルー柔道衣」の採用を決定する。柔道衣は白と信じていた日本人柔道家に大きな衝撃を与えた。2007年のアジア柔道連盟では会長選において大差で敗れてＩＪＦでの日本の発言力は一気に低下した。2011年には国際柔道連盟の日本人理事は会長推薦の1人だけとなった。

２００９年には「一本勝ち」を目指すダイナミックな柔道を阻害するものとして「効果」が廃止され、さらに２０１７年には「有効」も廃止、現在は「一本」と「技あり」になった。しかし同年よりＩＪＦは世界ランキング制を導入して、２０１２年のロンドン五輪から出場資格が男子は各階級上位22名、女子は上位14名が大陸枠に関係なく、出場権を得られる方式になった。２０１０年以来、「すくい投げ」、「朽木倒《くちきだお》し」、「踵返し」、「双手刈《もろてが》り」、などの技は使えなくなった。これらは柔道の歴史では重要な技であったが、ＩＪＦは、レスリングとの差別化を図るために、ルール改正によって禁止したのである。技の禁止は柔道の今後の展開を規定する重大なものである。２０１６年末から試合時間を５分から４分に短縮し、抑え込みの時間も短くした。これによる試合や技の変化も慎重に考えていく必要がある。

ＩＪＦは、積極的攻撃を促して、スピーディで分かりやすくダイナミックに見える競技を目指して、今後も様々にルールを改正していくであろう。それが柔道の本質を変容させることがないかは十分に考えていく必要がある。

オリンピック種目を目指した空手道の変容

空手道の場合には、オリンピック種目となるために、２０００年から組手競技では一本からポイント制に移行した。技の種類によって、３ポイント、２ポイント、１ポイントと分けられるが、上段蹴りや倒し技が３ポイントになり、中段や上段の突きは１ポイントになったので、試合技術が急激に変化して、蹴り技を狙うのでテコンドーに近い形になった。形競技では、１９８２年以来、指定形八本であったが、２００６年に第二指定形八本が追加された。東京オリンピックでは指定形はなくなり、１０２種類の技から選ぶが、予選から一度使った技は使えないルールになったので、対戦相手による駆け引きが重要になっている。空手道のルール改正は大きく急激で、それに伴って、空手道の技のあり様も大きく変容している。

ＷＫＦは現在スペイン人の会長で、２０１４年から日本人の事務総長が就任している。２０２４年度のオリンピック種目から外れたので、一層大きな改革が行われるであろうが、空手道の将来の展開を十分に見据えたものでなければならない。

柔道と空手道の将来を考える

柔道も空手道も、前述のようにオリンピック種目としての変容が著しいが、ともに選手は競技成績と別の基準で段位を持っている。オリンピックとは異なる形での柔道や空手道があり、それらではオリンピック種目とは別のものが目指されており、高齢になっても行われていることも忘れてはならない。競技とは別の柔道や空手道の教育的意味や人生にとっての意味を考える必要があるのではないか。オリンピック競技とは別の目で、将来を展望しながら、改めて柔道や空手道の本質を考える必要があると思われる。

第2章

日本の武道の現在

第1章で東京オリンピック種目としての柔道と空手道を取り上げたが、柔道や空手道は、中学校や高等学校の体育の授業や部活動でも実施されており、町道場や公民館などでの教室などでは、年少から高齢者まで、非常に多くの愛好者が稽古している。武道には、その他にも剣道や弓道など、様々な種目がある。本章では日本の現在の武道を紹介する。

現在の日本で武道の主な推進団体となっているのは、日本武道館を中心に武道9連盟で設立された日本武道協議会（1977年設立）である。武道9連盟は、柔道、剣道、弓道、相撲、空手道、合気道、少林寺拳法、なぎなた、銃剣道である[1]。それぞれの武道の特性は、各連盟のホームページで、技の動画も含めて紹介されている。これらは現代武道であるが、その基になった江戸時代以来の流派を伝承する古武道[2]を加えれば、現在の日本の武道文化全体を一応俯瞰することが出来る。

日本武道協議会

日本における武道を統括する団体として、昭和52年（1977）に加盟10団体で発足。「国内を統括する各武道連盟との連絡融和を図り、かつ柔道・剣道・弓道・相撲・空手道・合気道・少林寺拳法・なぎなた及び銃剣道を奨励して、その精神を高揚すると共に健全な国民の育成に努め、世界の平和と福祉に貢献する」ことを目的とし、武道振興大会開催、武道功労者及び武道優良団体表彰、日本武道代表団海外派遣などを行っている。詳しくは各連盟のホームページ参照。

加盟団体	組織成立年	現在の公表登録有段者数
全日本柔道連盟	(昭和)24年	14.9万人(登録)〔講道館有段者は別〕
全日本剣道連盟	27年	188.9万人 居合道9.4万人、杖道2.8万人
全日本弓道連盟	28年	13.8万人
日本相撲連盟	21年	8.4万人
全日本空手道連盟	39年	*30万人(国内人口250万人)
合気会	23年	*18.2万人(国内人口100万人)
少林寺拳法連盟	32年	*4万人(会員14万人)
全日本なぎなた連盟	30年	*5,500人(国内人口6.5万人)
全日本銃剣道連盟	31年	*4.8万人(国内人口40万人)
日本武道館	39年	

※*は、日本武道館編『日本の武道』(2007)に拠る2006年時点の数字。

日本古武道協会

昭和54年（1979）に“我が国固有の文化財”として、古武道を保存、振興することを目的として発足した。毎年、古武道演武大会を開催。

■弓馬術（1）　■剣術（20）　■居合術・抜刀術（10）
■槍術（4）　■杖術・棒術（3）　■薙刀術（5）
■柔術（19）　■体術（2）　■空手・琉球古武術（7）
■砲術（3）　■その他（5）　■準会員（3）

（　）は流派数

現代日本における武道

武道が実施されている場

武道が行われている場としては、学校体育と社会体育がある。学校体育では、中学校・高等学校・高等専門学校（高専）・大学で、正科の体育においてと課外活動（部活動）で武道が行われている。それぞれの段階での部活動では、地区大会から全国大会まである。高等学校以上では国際大会も一部にはある。

社会体育では、私立や公立の武道場、公民館などを借りての武道教室、カルチャーセンターなどの武道教室などで、年少から社会人、高齢者などがそれぞれ行っている。社会体育では国民体育大会（国体）が大きな大会で、競技をしない合気道と少林寺拳法以外の7武道（一部は隔年実施）の競技が行われている。その他、それぞれの武道で競技や演武の各種大会がある。古武道では、全国規模の演武大会や神社での奉納演武がある。

学校教育の中での武道

2012年から文部科学省が学習指導要領を改訂して、中学校の体育における8領域の一つとして武道が必修化され、中学校の体育の中で各種の武道が指導されることになった。これまで選択科目だったものが、全員が履修することになり、種目も柔道、剣道、相撲などに限定されていたものが、学校の状況に応じて、後に述べる9種目の武道の授業が可能になったことは画期的なことである。けれども学校体育で年間10～13時間だけの3カ年で、全くの初心者に一応のことを教えるためには、指導法の工夫が必須である。実施の数年前から今も、日本武道館を中心に各連盟では中学校や高等学校の教員を集めた研修会が催されている。

新学習指導要領では、「武道に自主的に取り組むとともに、相手を尊重し、伝統的な行動の仕方を大切にしようとすること、自己の責任を果たそうとすることなどや、健康・安全を確保することができるようにする」ことが求められている。前述の短い時間で、そのようなことを達成するのは難しいが、武道に触れて、将来的にも興味を持つことが出来る機縁となればよいであろう。

「伝統と文化の尊重」と「生涯教育の理念」

学習指導要領が基づく「教育基本法」は、1947年に制定されたが、教育の目的は「人格の完成を目指」すとしている。以後、文字通り戦後教育の基本とされてきたが、2006年に一部改訂された。

新教育基本法は、教育の目的は変わらないが、それを実現するために5つの「教育の目標」が追加されたが、その第五項に「伝統と文化を尊重」することが掲げられた。さらに第三条として「生涯教育の理念」が新設された。第三条は、「国民一人一人が、自己の人格を磨き、豊かな人生を送ることができるよう、その生涯にわたって、あらゆる機会に、あらゆる場所において学習することができ、その成果を適切に生かすことのできる社会の実現が図られなければならない」と述べている。武道は伝統文化とされており、社会体育の中で生涯学習として位置づいていることを考えれば、武道に対する期待は大きいと言える。

武道の現状

学校教育の中でも部活動は、社会体育とも連動しているので、武道の現状として一緒に考えることにする。現在、実際には中学校や高等学校で部活動として武道を行う人数も、武道全般の愛好者人口も、１９９０年代から大幅に減少していることが憂えられている。この頃から外国人の武道愛好家が本格的に学ぼうと日本に来て、優れた指導者に出会って満足している一方、日本では思った以上にスポーツ化している現状にがっかりして帰る例も見られる。では、日本の現在の武道はどのようなものか。

まず日本の武道のあり様について、全般的に概括的に見ておくことにしたい。

武道の種類

ここでは、第1章で見た柔道、空手道の国内における状況を見た後、最も武道らしいと目される剣道とそれに関連するもの（なぎなたも入る）と弓道を、それぞれ特徴的な事柄に絞って考えてみたい。アマチュア相撲、戦後に展開した合気道と少林寺拳法、特殊な銃剣道には簡単に触れるに止める。そして最後に古武道を併せて考えてみることにする。

□柔道

柔道の起源と技法については、第1章で大要を述べた。国内では通常は白の柔道衣を着用しているが、ほとんどの試合がIJFルールで行われている。柔道の段位を発行するのは講道館であり、そこでは伝統的なやり方に従って行われていることも多い。どこでも白の柔道衣を着て、修行的、教育的な意味を強調しつつ、稽古されている。

形の稽古と形競技

オリンピック競技では行われないが、柔道には形《かた》がある。一人で演武する空手道の形と違って、二人で、技を掛ける「取《とり》」と技を受ける「受《うけ》」が、決められた手順で、技を掛け、受け、反撃することを反復稽古する。嘉納自身が、入門者が多くなった明治17、8年頃に柔道の乱取を行う時の基本の「文法」として、背負投《せおいなげ》、払腰《はらいごし》、送り足払《あしばらい》、巴投《ともえなげ》などを「投《なげ》の形」として、横四方固め、送り襟《えり》絞め、腕挫《ひしぎ》十字固めなどを「固《かため》の形」として制定した。これらは、代表的な技である。試合では相手も必死に掛けられまいとして防ぐので、その都度の状態で変わるが、形として決まったやり方で、相手も形通りに投げられるので、これらの形を反復稽古することによって、本来の技の要領を摑むことが出来る。講道館は1960年に二つの形をともに15本の現在の形に整えて、柔道の初段、二段では「投の形」、三段では「固の形」が昇段の時の審査対象となっている。

嘉納は、これ以外に「柔よく剛を制す」の理合を学ぶ「柔《じゅう》の形」、俊敏な動きと効果的極め方を学ぶ「極《きめ》の形」、攻防の理合を示す「五の形」を制定し、「古式の形」として自らが学んだ古流の起倒《きとう》流の形を残している。講道館は戦後にも、「講道館護身術」の形を制定した。四段以上の審査では、これらの内の決められた形を行うことになっている。

講道館は1997年から形《かた》競技として、それぞれの形を、審判員による採点方式での選手権大会を行うようになった。2009年からは国際柔道連盟主催で、世界形競技の選手権大会が開かれている。

段位制度と帯の色

武道の段位制度は柔道から始まった。元来、柔術では習得の段階に応じて、初伝、中伝、奥伝、皆伝などがあったが、嘉納は講道館開設の翌年から門人2人に初段を授与した。2

人は、数年で五段まで順次昇段した。嘉納は、初段以前を五級から一級へと進むようにして、初段を取得すれば黒帯を締めることにした。六段に達すれば「乱取および形の修行に習熟した者」と見なして、その指南を許し、「昔ならば皆伝とでもいうべき階級」の十段には「柔道全般に対して師範たる資格」を与えるとしていた。

このような段級制は分かりやすく、順次昇段することが修練の動機づけとなる。やがて剣道、弓道など他の武道でも段位制を取り入れるようになり、今日では9連盟の全てで段位制が採用されている。

講道館柔道では帯の色を、初段から五段までが黒、六段から八段が紅白、九段以上が赤色とした。

日本では段以前の級については細かく規定されていないが、フランスやドイツの少年柔道では、8級に分けて各級の取得要件を明示して、帯の色を白色、黄色、オレンジ色、緑色、青色、茶色に分けている。これは戦前にフランスに柔道を広めた川石造酒之助《みきのすけ》のアイデアに拠っている。

柔道の道場と柔道人

柔道には明治以来、日本社会に定着してきた歴史があるだけに、各地に柔道の町道場があり、俗に「ほねつぎ」と言われる施術所を開業する柔道整復師が道場を構える場合も多かったが、今は公共の武道館や体育館を利用してのスポーツ少年団が増えた。いずれも年配者が年少者への教育を主眼に、勝ち負けだけではなく、礼儀や躾を教えることが多い。また視覚だけでなく、肢体に障がいを持つ者に対しても、それぞれの障がいに応じた柔道を行っている道場もある。警察の柔道場が各地にある。実業団の道場もあり、オリンピック選手がここで稽古している。東京・水道橋の講道館では、一般の愛好家に向けた各クラスの柔道教室がある。

少年柔道教室があり、中学校・高等学校・大学での部活動がある。小学校から全国大会があり、より上を目指す者は中学校・高等学校・大学の強豪校に進学するケースが多く見られ、オリンピック選手も強豪校の出身者が多い。大学卒業後は、選手で続ける場合は、実業団や警察、自衛隊などに所属する。体育大学や体育学部の教員になる者もいる。オリンピックや国際大会の成績など、武道の中では最も多く報道されており、一部の有名選手についての報道も多い。激しい競技なので、30代前半で一線を退く者が多いが、その後も柔道が好きで活動している人たちが全国各地にいる。

□空手道

様々な流派の存在

第1章ではWKFの流れのみを記したが、空手道には元来、様々な流派があり、それぞれ技も異なっている。日本本土では、松濤館《しょうとうかん》流、和道流、糸東《しとう》流、剛柔流の4大流派があり、沖縄には、松林《しょうりん》流、上地《うえち》流、沖縄剛柔流などがある。各流派では、それぞれに流派の形があり、段位もそれぞれの団体で出している。組手競技はせずに、伝統的な形だけを稽古する流派もある。沖縄では、巻藁《まきわら》を使って体を鍛え、基本の形稽古で、威力ある突きや蹴り、相手の攻撃を受ける稽古なども行われているようである。

組手競技では「寸止め」が主流であるが、戦後、防具をつけずに寸止めではなく、直接に突き・蹴るフルコンタクトの派も大きな勢力となっている。極真会《きょくしんかい》や芦原《あしはら》会館などがあるが、2013年に全日本フルコンタクト空手道連盟を設立、選手権大会も開催している。

空手道の展開状況

空手道は、これら諸流派も合わせれば全国的に町道場が多いが、沖縄では特に盛んである。少年空手道、高等学校・大学の部活動では、全日本空手道連盟（ＪＫＦ）のルールで、形競技と組手競技で展開してきた。ＷＫＦのルールでもジュニアはフェースシールドを使うことになっているが、国内では年少者や高校生はポリカーボネイト製のメンホーを使用している。高校の部活動以後、フルコンタクト系へ進む者もいる。

ＷＫＦは、オリンピック種目となるために、近年ルールの変革を急激に行ったが、ＪＫＦルールもそれと連動して審判規定が度々大きく変えられることに、審判をする指導者でも戸惑っている様子も見られる。

□剣道

剣道は、江戸時代の武士の剣術に遡る。江戸時代には剣術は武士の表芸とされ、非常に多くの流派があった。現在のように、防具を着けて、竹刀《しない》で打ち合うように工夫されたのは18世紀からで、19世紀には広く一般化する。幕末には試合の形式もほぼ整備され、竹刀の長さも３尺８寸（約１１７㎝）に決定されている。剣道はこうした伝統を引き継いでいる面がある。

剣道は、板間の道場で、剣道着（上着と袴《はかま》）に面、小手、胴の防具をつけ、竹刀で打ち合う。竹刀は、4つ割りの竹を先皮、中結《なかゆい》、柄《つか》を皮で締め、まっすぐで、弦を張って刀の峰に見立て鍔《つば》を付けている。成人の竹刀は120㎝以下、510g以上だが、高校生、中学生は3㎝ずつ短くなり、女子は重さが少しずつ軽い。

まず道具を大事に扱うことから、着装や防具の着け方・外し方、結束法が教えられる。「礼に始まり、礼に終わる」とされ、立ち方・座り方、正座、立礼、座礼、蹲踞《そんきょ》（両膝を開いて、つま先立ちでしゃがんだ体勢）などが教えられる。稽古の最後は整列して座し黙想《もくそう》し、礼をして終わる。

剣道の稽古法と技法

竹刀の構え、素振り、足さばき、体さばきを学ぶ。竹刀は両手で中段に構えるのが基本である（上段の構えや、二刀を持つこともある）。中段から上段に振り上げ、右足、左足と踏み込むとともに発声しながら打ち下ろす。相手と間合い（距離）をとって立ち合う。「一足一刀の間合い」、すなわち一歩踏み込めば打ち込み、引けば相手の打ちをかわせる距離で対するのが基本である。

身体の真ん中の「正中線《せいちゅうせん》」を保ちながら、相手の構えを崩し、頭部の「面」か、竹刀を持つ前腕の「小手」か、胴体の「胴」を打つ。あるいは喉《のど》もと（面に付く突き垂れ）を突く。打ちをしかけ、応じて打ち、有効打突の「一本」を競う。「メン！」「コテ！」「ドウ！」「ツキ！」と打突部位を声に出しながら正確に打ち、突く。打突部分に単に当たるだけでは一本とならず、打とうとする気と竹刀の打ちと体の動きが一致した「気剣体一致」で、姿勢が正しく気合に充ちて、打突部位の名称の発声とともに勢いよく打突する。打突後も体勢が崩れず、相手の反撃に応じられる「残心《ざんしん》」がなければならない。

互いに自由に打ち合う互格《ごかく》稽古が行われるが、高段者が元立《もとだ》ちに立って、列をなして次々と掛かってくる相手の打ちをさばく稽古も行われる。

剣道の試合と技を出す前の攻防

試合は9～11m四方の試合場で5分間で三本勝負をする。蹲踞して竹刀を合わせてから立ち上がり、対戦する。前述の通り、単に竹刀が当たるだけでなく、打突部位を「適勢な体勢から刃筋正しく勢いある打ち」と認めて、主審と二人の副審の三人のうち二人以上が旗を挙げた時に一本と認められる。二本先取で勝ちとなる。

剣道では、対戦する二人の間合いがあり、打ちを出す以前に相手を崩し攻め合う「気攻め」があり、上下前後左右の位置に時間も合わせると4次元的で、一瞬の打ちで決まる。肉体的な力に拠るのでなく、打ちを出す以前の「気攻め」で、打突の機会を瞬間的に勘で摑んで打ち込む。高齢の高段者が壮年期の相手を自在に打ち込むことがよく見られる。相手と間合いをとって、竹刀で打ち合うので、体の正中線を崩したり、隙《すき》が出来なければ打ち込めず、打ち込まれても、その太刀筋を読んで外すことも出来る。稽古により培われた技量が問題になり、スポーツにはない武道の独自性が見られるところである。高齢になっても生涯剣道を実践している人も多い。

日本剣道形と木刀による稽古法

段位審査では日本剣道形が義務付けられている。剣道形は、打太刀が打ち込むのを、仕太刀が捌《さば》いて打つやり方が決められている。手順は決められているが、相手との間合いやスピードを変えながら反復稽古することにより、間合いと打ちのかわし方、打ちを出すタイミングなどの要領を摑んでいくのである。日本剣道形は、大正元年（1912）に制定された太刀七本、小太刀三本である。竹刀ではなく、木刀、もしくは模擬刀を使って稽古する。大きな大会では高段者による公開演武もある。相手の打ち込みを、間合いを見切って外したり、太刀を受けると同時に打ちに転じたり、小太刀では相手の懐に入って極《きめ》る。相手との間合いが微妙で、打突寸前で刀を止める。剣道形は、竹刀剣道とは間合いも技も違うので、若者の学習意欲はそれほど高くないが、相手との間合いを知り、相手の打ちへの対処法を知るために重要であり、竹刀剣道と古流の形をつなぐ媒介ともなるものである。

剣道連盟は、２００３年に初心者用に木刀による剣道基本技稽古法として九本を制定した。面、小手、胴を、二段打ちや返し技、すりあげ打ちなど、竹刀剣道で実際に使う技に即した技の要領を示す。「竹刀は日本刀である」とする観念を理解させ、木刀の操作によって、剣道の基本技を習得させ、応用技への発展を可能にするとされる。この稽古法の習得によって、日本剣道形への移行を容易にすることが目指されている。

剣道における段位制度

剣道では、全日本剣道連盟が段位を出している。三段までは高校生でも取得可能だが、段位取得から年数を積むことが求められ、六段以上は難しく、特に46歳以上で七段取得から10年以上を受験資格とする八段審査は、合格者が受験者の1、2%程度で非常に難しい。高段位を取得することを目指して高齢者でも道場に通う者が多い。生涯教育としての社会教育となっている。

段位とは別に六段以上には錬士、教士、範士の称号が、その剣道の風格や剣道への貢献などに応じて贈られる。剣道では、稽古の前と後の整列でも、段位の順に従って(同じ段位では年齢順に)座る。戦後5人が十段を受領し、以後九段が最高位だったが、2000年の段位制度改正により、九段、十段はなくなった。

高段になるほど、打ちを出す前の心身のあり様が大事だとして、『五輪書』などの伝書を読む人がいる。また「剣禅一致」が言われたり、山岡鉄舟などの逸話もあるので、無心の技を目指して、坐禅する人もいる。

居合道と杖道について

全日本剣道連盟には、居合道と杖道《じょうどう》が別の部門として加盟している。

居合道は、腰に締めた帯に差した真剣、もしくは模擬刀(刃を付けない居合刀)を抜き、相手の攻防を想定して刀を遣って、一連の技を行い、納刀する。「全日本剣道連盟居合」

として、十二本の制定形がある。前、後、横を切る、下から切り上げる、上から切り下げる、斜めに袈裟《けさ》に切る、諸手突き、前、左、右の三方切り、抜き打ちなどの形である。熟練者は、刀を全身一体で遣って隙がなく、動きにつながりがあり、振り下ろす刀に勢いがあって、迫真的である。

杖道は長さ4尺2寸1分（約128cm）、直径8分（約2・4cm）の白樫の丸い杖を用いる。防具は着けず二人で形を稽古する。杖の基本動作と木刀の打太刀が打ち込むのに対して仕杖が応じて制する、二人での形十二本が制定されている。警察官が多く学んでいる。

居合道と杖道は、それぞれの専門部門の審査によって、全日本剣道連盟から、初段から八段の段位と、錬士、教士、範士の称号が授与される。

□なぎなた

元々長刀《なぎなた》であり、湾刀に長柄《ながえ》を付けた武具を使い、剣術と併伝する流派が多かった。江戸時代以降女子の武道として展開し、近代以降も女子武道として展開している。最近は男子競技も展開している。海外では男子の競技者が多い。

技法とその特徴

なぎなたは、全長7尺余り（210〜225㎝）で、柄《え》の部分は樫《かし》の木に、2㎝幅の竹を2枚合わせ、反りがある50㎝の刃部を出して千段巻《せんだんまき》（15㎝幅）で付けている。刃部の先端と柄の後端には皮のタンポをつける。重量は650g以上である。形の演武や稽古では、先端の刃部が木製のものを使うこともあるが、重く刃筋が通った打ちになる。

面、胴、小手、脛当《すねあて》の防具を着け、そこを打突部位としている。柄を両手で持ち操作するが、手を滑らせて持ち替えて、末端の石鎚《いしづち》で突く技がある。剣道にはない脛打ちがあり、長いなぎなたを持ち替えての突きがある。体さばきが重要になる。なぎなたも、有効打突「一本」は、「なぎなたの打突部で打突部位を充実した気勢と適法な姿勢、部位を呼称しながら打突し残心あるもの」としている。

なぎなたの試合の様子（日本武道館提供）

なぎなたの形とその他

なぎなたの形としては、「しかけ・応じ」がある。防具は着けずに、なぎなた同士で、決められた手順で、一方が仕掛けると他方が応じる、八本の形である。形競技としては、2組がその内の決められた三本を演武して、審判が優勢な側の旗を挙げる。トーナメント形式である。

全日本なぎなたの形は、1977年に全日本なぎなた連盟によって、なぎなた対なぎなたの七本の形が制定された。四段以上の昇段審査に含まれ、国体などの大会で演武されている。

剣道との異種試合も行われる。剣道家も脛当てをするが、普段は打突部位でない脛を打たれて苦戦することもある。また音楽に合わせて数名で舞う「リズムなぎなた」も演じられている。

□弓道

歴史とその特色

弓道の起源も武士の時代に遡る。江戸時代には多くの流派があり、技法についても様々な伝書があった。明治になって弓を一旦上に引き上げてから引き分ける正面打起しが主流になる。戦前に技の統一が図られ、礼法が体配《たいはい》として規定され、射法も八節に分けられた。弓道場を持つ高等学校では部活動が盛んであり、登録人口は男女とも3万人を超えて、現在、高校武道では圧倒的に多い。激しいスポーツではなく、個人の精神集中が問題になる。弓道着と袴の凛々《りり》しい姿への憧れも強いようである。施設の問題があるが、男女とも高齢まで生涯弓道を行う人もかなりいる。

技法とその特徴

弓の長さは7尺3寸（221cm）が基準、3寸詰め〜4寸伸びまで各自にあったものを使う。3尺（90cm）以上で3つの羽の付いた矢を番《つが》えて、弓を引き絞って、離れで発射し、15間（28m）先の直径1尺2寸（36cm）の的に当てる。弓の強さは、弦《つる》が矢束《やつか》分（85〜90cm位）引ける十数kgから30kg超えの重さで量られるが、強い弓ほど矢飛びが早く鋭い。

弓道場は、板間の射場から屋外の矢場を離して垜《あずち》に的が置かれる。的を射る前に巻藁《まきわら》（直径50cm前後の藁を束ねた矢止め）で射る稽古をする。弓道着は、上着と袴に白足袋で、右手に弦を掛けて引く溝を切った韘《ゆがけ》を着ける。左手の押手にも韘を着ける場合もある。

射位に入るまでの体配と射法、その後の退出まで厳格な礼法が定められている。射法八節の「足踏み、胴造り、弓構《ゆがま》え、打起し、引分け、会《かい》、離れ、残身」に従って射を行う。試合は的中数で競われるが、上手な人の射は集中力が持続して、無理なく静かに引き絞り、離れで矢を射ても上体に動揺はなく、一連の流れがある。第6章のヘリゲルの『弓と禅』で、稽古の深まりの過程を詳しく見ることにする。

□相撲

相撲の起源は神話にまで遡るが、武道としての相撲は、商業相撲の大相撲とは一線を画する形で、大正期のアマチュアの学生相撲から展開した。行司は白のシャツ・ズボンに手袋をしている。少年相撲があり、男女の参加はあるが、中学校、高等学校、大学、実業団では男子のみの相撲部がある。国体種目でもある。ただ競技成績の優秀なものは大相撲に引き抜かれることが多い。全日本相撲連盟では段位を出している。国際化するとともに女性の相撲にも取り組んでいる。

20の俵を土中に6分埋め、4分を地上に出して内径15尺（454・5㎝）の土俵で対戦、裸で腰に回しを着け、押し出し、はたき、組み合って、投げ、うっちゃるなどで勝負をつける。両足を交互に高く上げてから踏む四股《しこ》を何度も踏んで、重心を低く安定させ、「鉄砲」で足からの威力ある両手の突きを稽古する。昔は体重制はなく、小兵の力士が大きな力士を破ると大きな歓声が沸いていたが、今は基本的に体重別となっている。

□合気道

植芝盛平が戦前から合気柔術で指導をしていたが、戦後から一般にも公開し展開した。東京・新宿の合気会本部道場が中心であるが、植芝盛平の高弟だった者がそれぞれに展開した分派も多い。開祖が神道的な言葉を使っていたこともあり、「合気」で気の宇宙的な同調を論じる者もいる。護身術や健康法としても人気があり、女性や高齢者の愛好者も多い。

合気道　植芝守央道主
（日本武道館提供）

基本的には、柔術の形稽古の形で、競技はしない。柔道衣と似た合気道着を着用するが、段位者は袴を着用している。一教から五教の技を二人で掛け合う。戦前には実戦的なものが多かったが、蹴り技やねじり技など危険な技を省いている。短剣を使う技もわずかだがある。競技ではないので、投げられまいとせずに、「円」の動きを基本として、技を掛けられた点を中心に大きく投げられて受身をとることに、爽快感が得られることもある。

□少林寺拳法

宗道臣《そうどうしん》が、戦前に中国拳法の少林拳義和門の拳技を学び、少林寺で法衣姿の修行僧が2人で組んで拳技に励む図にヒントを得て、戦後に香川県多度津で「金剛禅」という宗門を開いた。関西で盛んである。「拳禅一如」を唱えて、少林寺拳法を宗門の行《ぎょう》とした。宗教法人としての性格を持つ。高段の指導者は僧位を持っており、演武でも道着の上に黒い法衣を着ける。

少林寺拳法
（一般社団法人SHORINJI KEMPO UNITY提供）

合掌から始まるが、実際の武術としての技は、中国拳法をルーツとしているので、蹴りや突き、投げを使う。1人での形（套路《とうろ》）を行うのを主とする中国拳法とは違って、対人の形稽古を基本とし（「組手主体」）、日本武道化している。当身技と関節技に蹴り技などで、三法二十五系六百数十技とされる。

□銃剣道

明治初期にフランス陸軍歩兵軍曹を招いてフランス式銃剣術を教育したが、日本人はなかなかなじめなかったので、明治中期に津田一伝流槍術を基に改編し、大正期に銃剣術として独立した。戦後はスポーツ競技として発足し、主に自衛隊で行われているが、年少者なども行っている。

全長166㎝で1100g以上の木銃（樫の木で銃の形をしたもの、先にゴムのタンポを付ける）を使用し、剣道着とほぼ同じ道着に、剣道式の面、小手、胴、垂に、左肩部と左胸を保護する裏布団、右手に指袋を着けた相手の喉、上胴、下胴を刺突し合う競技である。

□古武道

江戸時代以来の武芸の技を伝承する様々な流派がある。現代武道より古い形態を伝承しているので「古武道」と呼ばれている。日本武道館の統括する古武道振興会には全国88流派が登録され、古武道大会で伝承されてきた形を演武している。他に古武道協会もあり、加盟団体もかなり重なるが、入会資格が異なるので、同一流派でも複数の派が登録されていることもある。江戸以来の歴史ある流派もある一方、近代に分派した流派もある。流祖からの伝系が示されるが、世代が大きく飛んだ流派もある。

日本武道館で毎年2月に古武道大会がある。鹿島神宮（茨城県）、鶴岡八幡宮（鎌倉）、白峯神宮（京都）など武芸ゆかりの神社での奉納演武もある。紋付袴で演武されることが多い。

日本武道館でデモンストレーションする柳生心眼流（日本武道館提供）

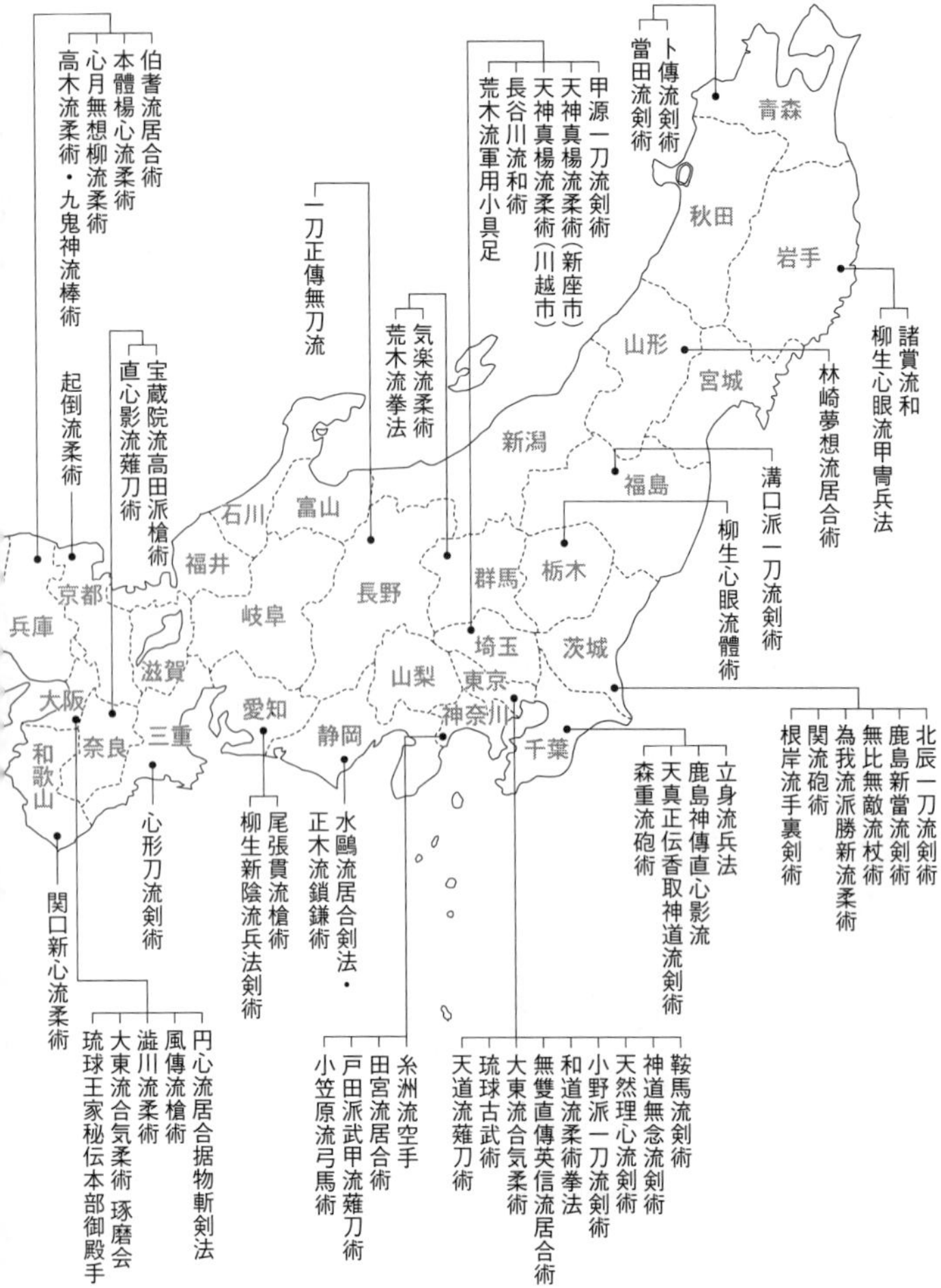
青森
秋田
岩手
山形
宮城
新潟
福島
栃木
群馬
茨城
埼玉
東京
神奈川
千葉
山梨
長野
富山
石川
福井
岐阜
静岡
愛知
滋賀
三重
京都
兵庫
大阪
奈良
和歌山
卜傳流剣術
當田流剣術
諸賞流和
柳生心眼流甲冑兵法
林崎夢想流居合術
溝口派一刀流剣術
柳生心眼流體術
北辰一刀流剣術
鹿島新當流剣術
無比無敵流杖術
為我流派勝新流柔術
関流砲術
根岸流手裏剣術
立身流兵法
鹿島神傳直心影流
天真正伝香取神道流剣術
森重流砲術
鞍馬流剣術
神道無念流剣術
天然理心流剣術
小野派一刀流剣術
和道流柔術拳法
無雙直傳英信流居合術
大東流合気柔術
琉球古武術
天道流薙刀術
糸洲流空手
田宮流居合術
戸田派武甲流薙刀術
小笠原流弓馬術
水鷗流居合剣法・
正木流鎖鎌術
尾張貫流槍術
柳生新陰流兵法剣術
心形刀流剣術
円心流居合据物斬剣法
風傳流槍術
澁川流柔術
大東流合気柔術 琢磨会
琉球王家秘伝本部御殿手
関口新心流柔術
甲源一刀流剣術
天神真楊流柔術(新座市)
長谷川流和術
荒木流軍用小具足
天神真楊流柔術(川越市)
気楽流柔術
荒木流拳法
一刀正傳無刀流
宝蔵院流高田派槍術
直心影流薙刀術
起倒流柔術
伯耆流居合術
本體楊心流柔術
心月無想柳流柔術
高木流柔術・九鬼神流棒術

全国の古武道流派（日本古武道協会HPより）

小笠原流弓馬術は、流鏑馬《やぶさめ》を行う。古武道大会の最初に礼射をする。日本刀や模擬刀、槍や薙刀《なぎなた》、手裏剣《しゅりけん》、鎖鎌《くさりがま》（錘《おもり》はタンポ）、火縄銃《ひなわじゅう》などを使って稽古し、演武する流派がある。竹内腰廻りや関口流柔術、剣術の鹿島神道流や新陰流、一刀流、二天一流など、江戸初期からの有名流派も見られる。流派の技の名を列挙した目録や教えを書いた伝書を有する流派もあるが、それらの最後には流祖から継承した伝系が記されていることが多い。

柔道の「古式の形」は起倒流の形を伝えるが、柔道の動き方で、形をなぞっているように見られることがある。剣道から入って古流剣術を稽古する者にも、剣道の動き方となっていることもある。居合道や杖道、なぎなたなどでは、連盟が制定する現在の形よりも、基になった古流の形を学ぶ方が技の深みが分かるという者も多い。古流の形で錬られる間合いや動き方を厳密に見直すことが大事であると思われる。

日本文化の伝統と現代社会

武道全体を俯瞰すれば、起源を異にする様々なものが、それぞれに展開していることが分かる。国家権力によって、禁止されたり、統一されたりすることもなく、それぞれに伝統を受け継ぎながら、近代、現代の社会に適応した形で展開してきた。文化の重層性は、日本文化の特色の一つであるが、武道においてはそれが最も典型的に見られる。

集団訓練ではなく、個人の技を基本として、道場で身心の鍛練をする。礼法を大事にしている。古武道はもちろん、剣道や居合道、杖道、なぎなた、弓道などは、昔の武士の面影に憧れを持っているようである。伝統を担う意識を持ち、基本の稽古を鍛練している。近代的な競技になっても形稽古の伝統は常に持っている。

柔道が競技的になったことを批判して、合気道は形稽古に徹するが、最近では柔道でも形の見直しが言われている。剣道でも竹刀剣道の競技性を是正するために、剣道形や木刀による稽古法が強調されるようになっている。なぎなたでも競技性の高まりへの危惧から、形が制定され、また古流の薙刀の技への関心も強い。

現代武道は共通して段位制度を持ち、高段を目指すとともに、それに相応しい振る舞いを志向している。若い頃から長年続けて稽古する人もいれば、仕事が一段落してから再開する人もいる。趣味という以上に修養的意味で続けて、人生の芯としている人がいる。剣道や弓道、合気道などでは高齢になっても稽古している人も多い。その他の武道でも、町道場で年少者たちの指導をしながら、社会体育として行っている人が多い。

武道の9連盟は当然のことながら技法が別々であるが、上着と袴や、動きやすく簡易化した稽古着を身に着け、刀や竹刀、なぎなた、弓矢など伝統的な武具を使う。徒手で競技化した柔道や空手道でも、部分的な筋肉を鍛えるより、腰と肚《はら》を決めて全身一体で呼吸に合わせて動くことが理想とされており、スポーツ的な練習法とは異なっている。基本の形を学び、相手と合わせた形を稽古するなど、共通の身体技法が見られる。技を通して身と心を錬《ね》る修業法という共通の考え方も見られる。古武道をそれぞれの背後に考えれば、一層独自な身体技法が見られる。西洋的なスポーツと異なり、また、一般的な体育とも区別される日本の独自な運動文化として、併せて武道と捉えることが適当と思われる。

『武道憲章』

武道協議会は設立10周年の1987年に『武道憲章』を制定した。その前文で「武道は、日本古来の尚武の精神に由来し、長い歴史と社会の変遷を経て、術から道に発展した伝統文化である」と規定している。「かつて武道は、心技一如の教えに則り、礼を修め、技を磨き、身体を鍛え、心胆を錬る修業道・鍛錬法として洗練され発展してきた。このような武道の特性は今日に継承され、旺盛な活力と清新な気風の源泉として日本人の人格形成に少なからざる役割を果たしている」。

このような認識の上で、「基本的な指針」として、目的、稽古、試合、道場、指導、普及の六条を掲げている。第一条は「武道は、武技による心身の鍛錬を通じて人格を磨き、識見を高め、有為の人物を育成することを目的とする」である。稽古は「技術のみに偏せず、心技体を一体として修練する」（第二条）。「道場は、心身の鍛錬の場」（第四条）であり、「指導に当たっては、常に人格の陶冶《とうや》に努め、術理の研究・心身鍛錬に励み、勝敗や技術の巧拙にとらわれることなく、師表にふさわしい態度を堅持する」（第五条）と「心身の鍛錬」と「人格を磨」くことが強調されているのである。そして「普及に当たっては、伝統的な武道の特性を生かし、国際的視野に立って指導の充実と研究の促進を図るとともに武道の発展に努める」（第六条）と結ばれている。伝統的な武道の特性を、今日的な国際的視野で生かすことを求めているのである（全文は244ページ）。

伝統性と近代性

今日の武道は、古武道を除けば、伝統的なものを近代的に再編成して成立したと言ってよい。近代になって組織化し、競技化した。学校教育を拠点として、一方では学生を主体に課外活動（部活動）として、他方は体育の授業で集団教育によって、社会に定着した。警察の道場で警察官が修練するとともに、各地に町道場があって、一般の社会人も高齢になっても修練している。段位制で高段を取得することが大きな動機にもなるが、少年少女への教育も大きな意味を持っている。伝統を受け継ぐ意識は強く、将来へと伝えていく意識がある。日本社会が近代化・現代化する中で伝統的なものが希薄化してきたが、武道は礼儀の躾《しつけ》教育も含めて伝統を継承する貴重なルートになっている。地域の共同体社会がどんどん疎遠なものになっていく中で、武道は世代をまたがる伝承・交流の場となっている。

けれども武道の伝統性はどうであるのか。すでに近代的に再編成されたのであれば、改めて伝統社会での武道の原型を見直してみる必要があるであろう。どのような社会の中で、武道の原型になるものが成立してきたのか。それは近代社会の中でいかに再編成されたのか、いかに変容したのかを考える必要がある。さらに剣道や弓道、柔道などの個々の武道種目だけでなく、それらを武道文化として総体として捉える必要もある。日本では伝統的に修業的性格が強いので、「二兎を追う者、一兎も得ず」として、専門とする武道だけに集中して他への関心が薄い。けれども改めて武道文化として捉え直し、日本文化の中で位置づける必要があるのではないか。

現代社会の中で

武道は日本文化の伝統性をもつゆえに、最近では海外から注目されることになってきた。今日では武道もそれぞれに国際連盟が設立されて、国際的な展開が見られる。国際化するほどに伝統文化とは異なる展開が求められている。オリンピックを通じて、最も国際化した柔道には、日本文化が国際化する際の問題も顕著に表れているとも言える。将来を展望しながら、21世紀のグローバル時代にいかに武道文化を考え将来に伝えていくのか。世界で読まれている武道の古典的な書物の内容も見ながら、世界への武道の展開を考えてみる必要があるであろう。

また、現代では個々人の生活の場が、急速な情報機器の浸透によって大きく様変わりしている。パソコンやスマートフォンなどの普及によって、大量の不確かな情報が溢れ、個々人が情報発信する機会も格段に増えた。その中で自らの好む情報に閉じこもる傾向も、付和雷同的に攻撃的になる危険性もある。情報だけが肥大、拡大していく中で、改めて身体的な能力の可能性はどうなのか、また、他者との交流の仕方も問われている。武道は、現代社会において、そして近未来の社会において、どのように展開する可能性を持つのか考えておく必要があるであろう。

第3章

武道の源流とその精神

＊　＊　＊

10世紀に武芸を専門とする職能者としての武士が誕生した。同時期に日本独特の弓や刀の製法が確立し、武士の主要武具となる。武士は朝廷から警察・軍事を掌ることが認められ、鎌倉幕府、室町幕府と相次ぎ政権を取るようになり、武士には「文武両道」が求められた。戦国時代には下剋上で各地に大名が群雄割拠したが、臣従する大名にはその支配を認めて天下統一を実現した豊臣秀吉は、検地で耕作者と石高を決定し、刀狩りで2尺以上の刀を差せるのは武士に限った。

17世紀からの江戸時代は、士農工商の身分社会で、武士が支配階層となった。もはや実戦武術ではなく、武士たる者の務めとして道の意識が生まれた。各武術において諸流派が生まれ、形を稽古し、武士としての覚悟と振る舞いを学んだ。

天下泰平でむやみに刀は抜けない世に、防具をつけて竹刀で打ち合う撃剣が工夫され、下級武士や豪農層を中心に広まった。19世紀には社会が流動化し、藩校にも撃剣が取り入れられた。黒船来航後の危機意識から幕府が設けた講武所でも、流派剣術に代わって撃剣の稽古・試合が展開した。下級武士や農民出身の志士や新選組がテロのために刀を揮ったが、刀を抜かなかった山岡鉄舟や勝海舟は剣術鍛練で培った覚悟で、江戸城無血開城を実現させ、武士の世は終焉を迎えた。

＊　＊　＊

武道のあゆみ ― その1

時代		西暦	日本社会の動き	武道の歴史
平安		794	桓武天皇、平安京に遷都	射礼・騎射・相撲節会、年中行事に
		10世紀頃	武士の誕生	この頃、日本刀、和弓の製法確立
		1180〜	源平合戦	武士の間で、弓馬の術の発達
鎌倉		1192	鎌倉幕府成立	武士、笠懸、犬追物などを行う
		1274・81	元寇（元軍の襲来）	御家人の窮乏深刻、新興武士進出
室町	南北朝	1336	足利幕府成立、南北朝の動乱続く	徒立の集団による白兵戦が主流に 小笠原貞宗、弓馬・礼式の書編纂
		1392	足利義満、南北朝統一	太刀に代わり打刀が普及
	戦国	1467	応仁の乱、戦国時代へ	この頃から流派武術の発生
		1493	戦国大名の割拠本格化	飯篠長威斎(天真神道流)、愛洲移香(陰流)、日置弾正(弓・日置流)など
		1543	鉄砲、種子島に伝来	この頃から流派武術の展開本格化 竹内久盛（柔・竹内腰廻り）、塚原ト伝（新当流)、上泉信綱（新陰流)、伊藤一刀斎（一刀流）など
		1560	この頃、鉄砲が急速に普及	
		1573	織田信長、幕府滅ぼす	
安土桃山		1575	長篠の戦い（鉄砲隊活躍）	
		1590	豊臣秀吉、全国統一	剣術・槍術・柔術・砲術などで様々な流派が成立
		1600	関ヶ原の戦い（徳川覇権）	全国の大名大変動、武者修行が盛ん
江戸	初期	1615	大坂夏の陣（合戦終息）	幕府・藩に兵法師範がおかれる
		1639	鎖国体制の完成 幕藩体制の組織整備	柳生宗矩『兵法家伝書』(1632)、宮本武蔵『五輪書』(1645)
	中期	1651	幕府、文治政治へ転換 太平の世、農地拡大、街道整備、全国経済圏	他流試合禁止、流派の華法化進む 三十三間堂通し矢盛ん。相撲で土俵が作られ、決まり手も整備
		1716〜	将軍吉宗の享保の改革	武芸奨励、流鏑馬復興、『本朝武芸小伝』 竹刀・防具の改良始まる
		1767〜	田沼意次の商業振興策	防具を着け竹刀で打ち合う撃剣が普及
	後期	1787〜	松平定信の寛政の改革	全国で藩校多く創立、武芸の奨励
		1800〜	外国船接近、一揆相次ぐ	撃剣、農民層にも広がる
		1841〜	水野忠邦の天保の改革	藩校に撃剣入る、江戸町道場盛ん
	幕末期	1853	ペリーの黒船来航	(56年) 幕府、講武所開設
		1860	桜田門外の変以後、テロが多発 尊王攘夷から倒幕運動へ	講武所の剣術、流派を超え竹刀試合稽古中心。竹刀の長さ3尺8寸に統一
		1867	大政奉還、王政復古の大号令、倒幕・戊辰戦争へ	(63年) 新選組結成 (66年) 講武所、陸軍所に改組

武道文化の成立基盤

武道の源流について

格闘技や、剣や弓を使う技は古くからあった。とりわけ日本では武士が「弓矢取り」と言われて「武芸の士」として10世紀頃から誕生していた。(1) 日本独特の長い和弓や、刃部と棟《むね》の間に縦に稜線をなして高くなった鎬《しのぎ》を持って鍛造した反りがある日本刀も同じ頃からその製法を確立していた。武士は弓矢や剣を使った武術を鍛練していた。武士たちはやがて武士団を形成して、12世紀末には源平合戦で全国規模の合戦を戦った。鎌倉幕府が成立してからは、御家人として武術を鍛練していた。14世紀の南北朝の動乱では武士層が大幅に拡大して、太刀を佩《は》くのではなく、刃を上にした打刀を腰に差す風も広がった。槍も登場して、集団戦の性格を強くしていった。

けれども、これらの武士の誕生期から発展、定着、拡大期を通して、武士が武芸をどのように鍛練して、どこまで高度な技術を持ち、その技が次代へと継承されていたのかよく分からない。これらは日本の独自な武術が成立する前提として重要であるが、江戸時代に展開する武芸に、さらにはそれに基づく近代以降の武道に直接的につながるとは考えられない。武道の源流としては、やはり戦国時代に誕生する流派武術から考えることにする。

流派武術の要件と小笠原流について

では、そもそも流派武術とは何か、その要件を考えることが必要であろう。

①流派を始めた流祖がいる。古い時代のものは伝説的だが、流祖につながる伝書がある。
②流祖に由来すると言われる高度な技の伝承がある。多くは「形」で伝えられている。
③継承者がいる。流祖の子孫がいる場合がある。流祖に由来するとされる術を伝承する者がいる。

一番古い流派は、弓術の小笠原流だと言われている。源氏の一族であった初代小笠原長清は源頼朝の糾方《きゅうほう》（弓馬術礼法）師範だったと伝えられ、弓始、大的、笠懸、流鏑馬などの武家の儀式を定めたと言われる。けれどもこれらの技の伝承は失われており、現在行われている流鏑馬は、江戸中期に将軍吉宗の時に再興されたものである。小笠原家は足利幕府の武家式目を制定したが、武家故実であって、その前から系統に分かれて、その継承は複雑であり、戦国時代には三十余年流浪した信州系もある。その信州系より継いで中興した小笠原経直が、江戸幕府の徳川家康に糾方師範として招かれ、以後代々が将軍家の武家礼法の師範とされていた。小笠原流は、その初代から数えると武芸流派の最初期のものだが、技の伝承として現在につながる確かなものは江戸初頭からと見られる。現在三十代小笠原清信氏が継ぎ、弓馬術礼法小笠原教場で指導されている。

流派武術の成立

今日につながる武道の源流が形成されたのは、15世紀後期から16世紀にかけて生まれた流派武術においてである。戦国時代に入って、各地で合戦が相続く中で、合戦で必要とされた武術が専門分化し、弓術、剣術、柔術等において天才的な人物が現れ、それぞれの専門的な技法とその教習法を工夫して、流派を形成したのである。

15世紀後期、剣術では飯篠長《いいざさちょう》威斎《いさい》の天真正伝神道流、愛洲移香《あいすいこう》の陰《かげ》流、念流を継いだ中条長英の中条流、柔術では堤宝山の小具足《こぐそく》、弓術では日置弾正正次《へきだんじょうまさつぐ》の日置流など、各武術の源流となる流派が現れている。16世紀になると、それらを受け継いで、剣術では塚原卜伝《ぼくでん》の新当流、上泉伊勢守秀綱《かみいずみいせのかみひでつな》の新陰流、伊藤一刀斎の一刀流、剣術・薙刀では斉藤伝《でん》鬼房《きぼう》の天道流、槍の宝蔵院胤栄《いんえい》の宝蔵院流、柔術では竹内久盛の竹内腰廻《たけのうちこしのまわ》り、弓術では日置流から吉田流、道雪派、雪荷《せっか》派など、様々な流派が展開している。

流派武術の成立の背景

戦国時代となって各地で合戦が生じるようになると、弓や槍を持たせた大勢の足軽を動員するようになり、重装備の騎馬中心の戦いから、軽装備の白兵戦の比重が高まって、実戦的な弓術・槍術・剣術・小具足・組討などの武術を訓練する必要があった。

武術流派が成立した背景には、日本の文化伝統があった。古くから神道・仏教・修験道などで身心をかけた修行法が定着していた。室町時代には歌道や能楽、生け花、茶の湯などの芸道で、一芸に達すれば、他にも通じ真実にも触れ得るとして、一事専念を言う「道」の考え方が成立していた。芸道では「型」を中心にする教習法もあり、目録の形態もあった。15世紀初期には、様々な道として「兵法」（剣術）も挙げられていたが、後期から武術流派が形成されたのである。

飯篠、愛洲、塚原、竹内などの武術流派の流祖は、神社や洞窟に参籠して極意を編み出したと言われ、勝負を挑む者に対して、剣の上に座して見せた飯篠や、勝負にはやる相手を島に置き去りにして舟で帰ったという塚原などという伝説も、勝負以上のものを志向した彼らの意識を示している。

今日に残る古武道流派

これらの武術流派の内、飯篠家の末裔二十代快貞氏が今も香取神宮近くに住んでおり、香取神道流の術を伝える大竹利典氏は、剣術だけでなく長刀や組み討ち術など古い形を伝えている。鹿島神宮の地にも吉川常隆氏が鹿島新當流剣術を伝えている。また竹内腰廻りの竹内藤十郎家も備前（岡山県）の地で今も術伝もされている。剣術の新陰流や一刀流、弓術の日置流各派は、江戸時代に大きく展開するので、それぞれの流派が各地に残ってい る。何代にもわたって継承されてきた無形文化財として貴重だが、それぞれの伝承は、同じ流派内でも相当に異なることが多いので、術についての古伝書があれば、その記述と合わせ検証することが望ましい。

上泉信綱にみる流派剣術の思想

16世紀半ばになると、流派の伝書も作られて、自流の立場を明確にしている。その代表的な人物として新陰流の上泉信綱について見ておきたい。

上泉信綱は、元来、上州（群馬県）の小城主であったが、信濃から武田信玄や越後から上杉謙信が進出してくるようになる16世紀半ばに上洛して、将軍足利義輝の御前で新陰流を演じて「天下一」という感状を得た。(2)

上泉は、「影目録」4巻で、流儀の樹立の思想を書いている。彼は、念流や新当流など諸流派の技を学んだが、「陰流において別に奇妙を抽出して新陰流と号す」という。陰流の優れたところを取り出して、自らの立場の原理を明確に自覚した上で、新陰流を確立したのである。その原理は「敵に随って転変して一重の手段を施すこと」、すなわち敵が打ち掛かってくるのを、右か左かに転じて、敵の太刀をかわすとともに打ち返すことである。敵に負けじと打ち返すのではなく、敵の打ちに合わせて身を左右に転じて、太刀をかわすと同時に、そのまま打ち込む。それ故、新陰流の極意は「転《まろばし》」というのである。

上泉は、形稽古の時に当たっても怪我しないように、一本の竹を4、8、16に割った上に牛皮を被《かぶ》せた袋撓《しない》を考案した。

目録には四段階に分けた計三十本の形《かた》の名と、三段階の十八本の形の打太刀と仕太刀の絵を載せている。その最初に、「千人に英、万人に傑たるにあらざれば、いかでか予が家法を伝えんや。古人豈道《あにい》はずや、龍を誅《ちゅう》する剣、蛇に揮《ふる》はずと。」と記している。それは千人万人に優れる「英傑」のみが伝えるべきもので、「蛇に揮う」ような争いに使うものではなく、もっと高尚な「龍を誅する剣」だと言う。実戦的な剣術で打ち合うのではなく、むしろ剣をむやみに揮わず、敵を冷静にみて、その太刀の下まで踏み込み、転じて勝つ術を身につけて、超然として独立したあり様を目指すのである。

この時代、大軍勢の合戦では一兵卒たらざるを得ないが、武士はこうした剣術を鍛練することによって勇気と覚悟、そして独立不羈の精神を養うべきだと言うのである。

織田信長と豊臣秀吉による天下統一

16世紀後半になると、強大な戦国大名による最後の淘汰戦となり、合戦の規模も格段に大きくなった。とりわけ濃尾平野を背景とする織田信長は「天下布武」を標榜して天下統一に乗り出した。それまでの農民を動員した軍勢ではなく、常時合戦をする常備軍とし、弓と長柄槍の足軽組に、さらには伝来した鉄砲を大量に装備した足軽組も加えて、大軍団を編成して、合戦のやり方に革命をもたらした。信長は足利義昭を最後の将軍に据えたが、義昭が自らに反する動きを見せると、追放して室町幕府を滅亡させた。天守を持つ安土城を建て、家臣を城下に集め、徹底した縦の家臣団を形成した。信長は畿内を押さえると、各方面軍を派遣して天下統一事業を進めていたが、本能寺の変で倒された。

信長に代わって豊臣秀吉が覇権を握る。秀吉は摂関家の対立を利用して自ら関白になると、天皇に代わって諸大名に私戦を禁じて紛争は自らが裁定するとする惣無事令《そうぶじれい》を公布し、違反するものは成敗すると宣言した。その時点で九州をほぼ制圧する勢いであった島津氏がこの惣無事令に違反したとして、秀吉は九州へ大軍で攻め立てて島津氏を薩摩へ押し戻した。惣無事令を無視した関東の雄、小田原の北条氏を20万もの軍勢で滅ぼす。それを目の当たりにした東北の伊達氏も、秀吉に臣従することを願い出る。秀吉は臣従を誓った大名にはそのまま領地の支配を認めた。こうして秀吉は、本能寺の変からわずか七年で、全国を統一したのである。

秀吉による近世社会の形成

秀吉は、全国の田畑を検地して、中世的な諸権利を整理し、耕作人を決め、石高を決定した。検地によって初めて諸国の経済力を一律に計ることができ、諸大名にその領地に応じた軍役を課した。領地の石高を把握した上で、大名に領地替えを命じることもあった。

秀吉は下剋上を停止させるために、農民と武士を明確に分ける兵農分離を強行した。その重要な施策が刀狩りである。それまでほとんどの成人男子が自立の象徴として刀を腰に差していたが、2尺以上は武士に限ることにする。これ以後、2尺以上の刀は武士の象徴となる。さらに身分法令を出して、町人・農民が武士になるのを禁止した。

兵農分離により、天下統一の過程で敗れた大名の家臣の武士たちは、地方で豪農層として存続することになり、その武術は地方に残ることにもなった。

秀吉は天下統一によって、強大な権力と富を手に入れた。巨大な大坂城を築いて、諸国の大名を伺候させることになった。

秀吉は、続いて朝鮮出兵に突き進むので、軍役の負担は重大であった。天下統一期から江戸初頭までは、まだ合戦が起きる可能性があり、大名も武将としての性格が強かったので、各大名が有能な武芸者を競って招こうとした。こうした中で武者修行も盛んとなり、流派は一気に増え、槍術、居合術、砲術などにおいても独立した流派が生まれている。

柳生宗厳による新陰流の整備

信長から秀吉へと時代が激しく推移する中で、旧来の武将たちはどのような動きをみせたのか、大和の柳生宗厳《やぎゅうむねよし》の例を見ておこう。

宗厳は、大和柳生の庄の鎌倉時代からの領主で、筒井順慶方、次いで松永弾正方について合戦に出ていた武将であった。彼は、若くから新当流などを学んでいたが、35歳の時、上洛した上泉の弟子に二度立合って敗れ、潔斎して新陰流に入門した。2年後、上泉から「一国一人」の印可状を得ている。宗厳が同じく武将なので、打ち合いの技術よりも武士としての独立の精神の象徴たる剣術を目指す上泉の意図を、よく理解していたからであろう。宗厳は後に自ら出した目録で、最後の締めの形を「務めて英雄の心を知る是極《ぜごく》一刀」と名付けている。

織田信長が畿内に進出して以後、宗厳は武将として合戦に出ることを止め、柳生の庄に籠もって、新陰流の整備に勤しんだ。宗厳は豊臣秀吉の天下統一後、隠田があったとして領地を没収されたが、文禄3年（1594）徳川家康に招かれた。演武を見た後、家康自ら立合ってみたが、無刀の宗厳に手もなく倒されたので、家康は宗厳に入門誓詞を出した。しかし、宗厳は老齢を理由に出仕を断り、代わりに五男の宗矩《むねのり》が出仕することになる。

関ヶ原合戦で徳川が覇権を握った後、柳生家は旧領を復した。一族の将来の発展が見込まれる中、宗厳は以降10年間、78歳で没するまで、新陰流の形を、基本を学んだ後、実戦的な形を知り、極意の形六本を修し、最後はどのように打ち込まれても打ち落とす印可の太刀となるように体系化し、『新陰流兵法目録事』などの伝書を書いて、宗矩や孫の兵庫助などに授与している。

近世武術の展開

17世紀初頭、関ヶ原合戦から3年後、徳川家康は征夷大将軍を得て江戸幕府を成立させた。大坂の陣（1615）で豊臣秀頼を滅ぼして、元和偃《えん》武となり、ついに合戦は終息した。この直後、武家諸法度、一国一城令を出して、法度で大名を統制していくことになる。

幕府は軍事的には各藩を厳しく監視し、大名に参勤交代をさせたが、300近くの藩は独立した体制であった。諸国では城下町に武士を集住させ、農村部には年貢の供出を連帯で責任を負わせるが、その代わりに村の自治を認めた。兵農分離は徹底され、大小二本差しの刀は武士の象徴であった。士農工商の身分社会の中で、「弓馬剣槍」は武士の表芸として修練されることになる。弓・馬は上級武士が中心であったが、刀は武士が常に身に着け、身分の象徴であったので、剣術を中心として流派武術が展開した。武術流派は統制されることはなく、藩にはそれぞれに各武術でいくつかの流派の兵法師範がおり、また江戸や諸国の城下町に町道場があったので、各武術で多くの流派が展開することになる。

剣術は、木刀や竹を割って袋を被せた袋撓による形稽古が中心で、柔術も受と取の形稽古であった。流派の中では、それぞれに教習法があり、免許を出して教えるやり方だったので、伝書が多く作られた。合戦が終焉しても、武士はタテマエとして絶えず戦う備えが求められていたので、実戦的に役立つ武術であるよりも、武士としての覚悟を養成することが主となっていく。新たに支配層となった武士が学ぶべき道として流派武術が展開していくことになる。

(1)江戸初期　流派の確立

17世紀初頭は徳川幕藩体制の形成期で、多くの大名家が取り潰される一方、藩の新設や領国の移動、領地が拡大した大名家も数多くあった。徳川家康は、戦国武将として武芸好きであり、かつ征夷大将軍として武家の伝統を重んじたので、個々の武士が武芸を稽古するのを奨励した。諸大名にとっても、集団軍事訓練は幕府の監視の眼があって不可能であったので、個々の武士が武術鍛練をすることは望ましかった。諸藩の兵法師範役をめぐって流派間で激しい競争があった。流派の創始から第三世代の者たちは、最初から流派の教育の中で訓練され、武芸者として生きんとして他流の武芸者と競っていた。特に主家が取り潰されて牢人となった武芸者の間では、諸国武者修行が盛んであった。

家康は、将軍家兵法師範に新陰流の柳生宗矩と一刀流の小野忠明を、大坂の陣後には、尾張徳川家の兵法師範に柳生兵庫助を据えた。各藩とも、有力な流派の有名武芸者を兵法師範にした。宮本武蔵は、大坂の陣後、姫路藩や明石藩、晩年は熊本藩から客分で遇された。武術流派は幕府や藩から統一されたり、統制を受けることはなく、多くの流派が競合し、新たな流派が分派した。

剣術は、甲冑を着け実戦で刀を遣うことを前提とした「介者剣術」から、稽古着で木刀や袋撓《しない》を遣う「素肌剣術」に変わって、技がより精妙になった。

剣術の新たな意味づけ

幕藩体制が確立して、合戦や実戦の可能性がほぼ無くなった状況になると、改めて剣術の意味づけが問題になる。合戦を知らない武士が大半を占めるようになり、武士の意識にも変化が見られていた。兵法師範は、将軍や大名周辺で、禅僧、儒者、諸芸の名人たちと交流する中で、剣術を「兵法の道」として明確に位置づけ、武士の文化として確立することが求められていた。また戦国の合戦のやり方が回顧されて、軍法も語られていたが、この時代の「兵法の道」には、合戦も含んだ武士の心得として成立させることが求められていた。

三代将軍の家光は、合戦を知らない世代で、祖父の家康を慕っていたので、武芸の稽古に熱心であった。江戸初期の17世紀半ばまでは、合戦を体験した世代が生きていて、尚武の風は強く、幕府や諸藩には兵法師範が置かれた。彼らは兵法師範に相応しい伝書、伝承の形態を整備しようとしたのである。

柳生宗矩による近世剣術論

柳生宗矩は、大坂の陣から5年後、50歳の時から、将軍世子・家光の兵法師範となっていたが、若い家光から、極意を書き上げよとの命を再三受け、数年の内に5つの口伝書を呈上していた。そして将軍家光の親政となった寛永9年（1632）、『兵法家伝書』三巻を呈上した。

『兵法家伝書』は、最初に、刀を使う兵法は一人の「小さき兵法」であり、諸勢を使って、謀《はかりごと》をして合戦に勝つのが「大将の兵法」である、国の機を見て、乱れる事を知って、乱れる前に治めるのも兵法、すでに治まりたる時に、諸国に大名を定め、国の守りを固くするのも兵法だと言っている(3)。

新陰流の技は、敵が打っても当たらぬ間合いをよく知って、「おそろしげもなく、敵の身へちかづきて、うたせて却て勝つなり」。敵が打ってくるところを、転じて、それをかわして自らが打つ。敵の打ちに正確に応じるためには、恐れたり、心がどこかに止まると危険である。そこで、「平常心」を言い、あらゆる執着を断った「無心」を究極とする禅の教えを取り入れようとする。「様々の習をつくして、習稽古の功つもりぬれば」、手足は自在に動いて、無心である。自分もまだ無心になったとは言い難いが、禅僧沢庵《たくあん》の教えによって、こう言うのだと書いている。流儀の秘伝書であったが、このように説いた「剣禅一致」の思想は、将軍家兵法師範という権威もあって江戸時代大いに広まることになる。

宗矩は上泉の伝書にあった「殺人刀《せつにんとう》」「活人剣《かつにんけん》」の語を使って、乱世では「人をころす刀」だったが、治まった世では「人をいかす剣」になるべきだと説く。今や、実戦的な術ではなく、武士の人間形成に資するべきものとしたのである。

『兵法家伝書』を呈上した年の暮れ、宗矩は大名を監視する惣目付となったこともあって、大名で入門する者が多く、その家臣も含め門弟三千人に及ぶと言われる。

宗矩は、出仕して以来、他流派と試合をすることはなく、技に関しては父宗厳の伝書によっており、心法に関しては沢庵の教えによっているという点では、兵法の道を極めたとは言い難いところがある。けれども晩年に若い将軍家光から篤い尊敬を受けて、新陰流のみならず、剣術鍛練を、江戸の武家社会の新しい文化として普及・定着させることに果たした功績は大きいものであった。

ただ宗矩の心法偏重のあり方には、合戦経験がある細川忠興などからは「新陰は柳生殿（宗矩）よりあしく成申候」という批判もあった。同じ新陰流でも若い時に武者修行もしていた尾張徳川家の兵法師範となった柳生兵庫助は、藩主に提出した『始終不捨書《しじゅうすてざるしょ》』では、甲冑をつけた剣術のやり方を「悪し」として、素肌剣術の精妙な

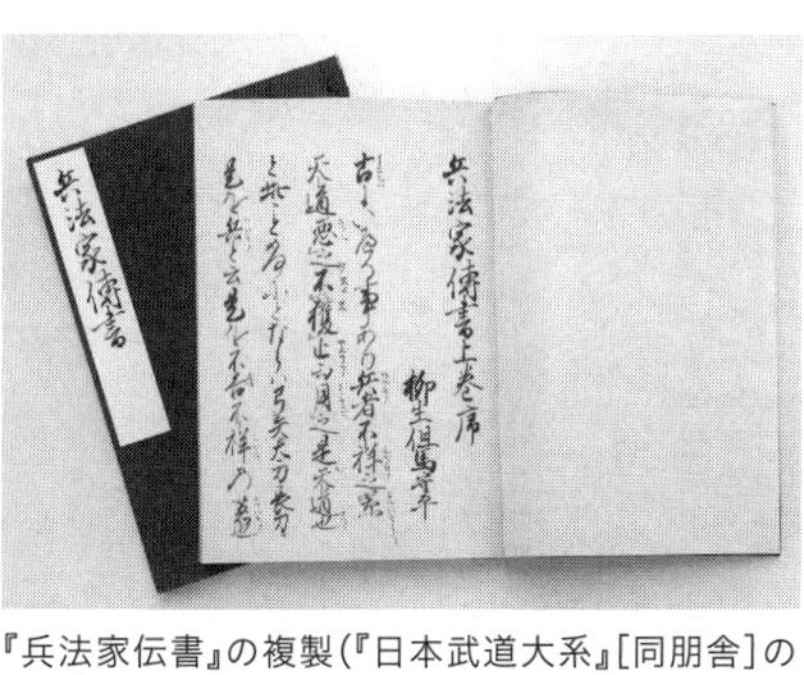

『兵法家伝書』の複製(『日本武道大系』[同朋舎]の付録)

技法を整備しようとしており、宗矩の心法論とは別の展開をしていた。

宮本武蔵の『五輪書』について

同時代の宮本武蔵は、関ヶ原後の20代に六十余度の実戦勝負に勝ち、「天下一」を名乗ったが、30歳以後「なおもふかき道理」を求めて鍛練した[4]。仕官することなく、独立不羈《ふき》の精神を貫いたが、諸大名の客分となって剣術を指導しながら、家老となった養子を通じて江戸初期に藩政が確立していく様を見ていた。その最晩年に著した『五輪書』では、剣術鍛練を核に、武士としての生き方を論じる。それも「仏法・儒語をも借らず」自らの言葉で書いている。宗矩とは違って、実戦に通じる技と鍛練の仕方を追求して武士たる者の生き方を論じている。武蔵は秘伝を否定して、普遍的な道を鍛練して、個々の武士が迷いなく生きる道を示そうとした。

『五輪書』は武蔵の意図に反して流派の秘伝書とされたので、江戸時代には流派以外には知られることはなかったが、その内容は江戸社会を超えて、より普遍的なものを持っていると思われる。『五輪書』の内容に関しては、本書の第6章で詳しく論じる。

近世剣術の新たな意味づけ

宮本武蔵は自ら実戦勝負をし、合戦にも何度も参加しているので、剣術が常に実戦的に通用すべきことを繰り返し強調していた。しかし、合戦を知らずに徳川体制下で育ってきた武士たちにとって、合戦はもとより、命懸けの勝負をリアルに想像することは困難であったであろう。この頃になると、反社会的なカブキ者の集団や名誉に関わる喧嘩の場でない限り、武士は刀を人前で決して抜けなくなっていた。剣術は実戦勝負の「術」ではなく、支配階級である武士たる者の嗜みとなり、武士としての生きる道を学ぶ「道」となった。江戸時代になって、単なる武術でなく、武術の鍛練を通じて身体と心とを鍛練して、武士としての誇り高き生き方を目指すものとなったのである。

柳生宗矩が「殺人刀」に代えて「活人剣」たるべきだと言っていたことが、家光のみならず、当時の武士にとっても指針になったと思われる。しかも究極的には禅の教えにも合致するというのであり、剣術の新たな意味づけとなった。

それは「活人剣」であり、剣術であった。中国では、「刀」は片刃のもので、「剣」は両刃のものを指していた。けれども日本では神話時代から「草薙剣《くさなぎのつるぎ》」があり、天皇の三種の神器の一つも「剣」である。平安中期以降、片刃で反りのある日本刀を使うようになるが、「刀術、刀道」ではなく、「剣術、剣道」と言うのは、単なる実戦的な武具以上の神器に通じるものを指す意味を籠めているからだと考えられる。

新陰流の流祖上泉も「龍を誅《ちゅう》する剣、蛇に揮《ふる》はず」と、雑兵相手の実戦的な刀術でなく、「千人に英、万人に傑たる」者が正義のために揮う誇り高き剣の理念を掲げていたのである。

柔術の新たな意味づけ

江戸時代に入ると、柔術も、甲冑武術から平服で行われるようになり、投げ、逆手、抑え、固め技に、甲冑では無理だった当て身も加わるようになった。中国拳法の技法や医学の経絡《けいらく》などの影響を受けながら、当身《あてみ》や殺活法を取り入れた楊心流や良移心当流《りょういしんとう》などが生まれた。良移心当流の福野七郎右衛門やその弟子で起倒流乱れを興こす茨木専斎は、柳生新陰流を学び、特に専斎には宗矩の心法論の影響が強い。また寛永年間には、水早信正が、『老子』の言葉を引きながら、「柔よく剛を制す」を標榜した制剛流を樹立している。それより少し後、関口氏心（柔心と号す）は柔術の技法を整備した関口新心流を開いて、紀伊徳川家の流儀となったが、『関口流柔誘引書』は「当流の柔は……物に応じてさからわず、したがわす、来る物につれてつくる所に於て、本体へ帰るもの也」と説いている。柔術も、組み討ちの実戦武術から、心の持ち方へと新たな意味づけをしているのである。

江戸初期に、流派武術は武士階級の新たな文化として定着し、以後江戸時代を通じて、武士が嗜むべきものとして、数多くの流派が展開していくのである。

(2)江戸中期　流派武術の展開と停滞

17世紀後半には、幕府も諸大名を抑える武断政治から文治政治へと方針を転換して、諸藩もそれぞれの領地に定着することになる。「天下泰平」となった中で、諸藩は領地の開発に努め、耕地面積が大幅に拡大し、農業生産性が高まり、経済的に豊かになって、全国規模の経済圏が出来上がった。幕府や諸藩では、組織が整備された分、上下の身分格式が厳密になり、万事は伝統主義となっていった。上方では町人を中心に元禄文化が花開いた。和歌、俳諧、謡、仕舞、茶の湯、生け花など遊芸文化が展開し、家元を中心とした免許制度も確立していく。

五代将軍綱吉の時には、幕府の武家諸法度の第一条が、「文武弓馬之道、専ら相嗜むべき事」（慶長・寛永令）だったのが、儒教的な「文武忠孝を励し、礼儀を正すべき事」（天和令（1683）に置き換えられた。「生類憐み令」が公布され、生き物の殺生が禁じられたので、それまで疑似演習として行われていた「巻狩り」や「鷹狩り」は厳禁とされた。

城下町には、ほぼ同格の武士たちが集住していたので、中流以上の武士は、7歳になれば決まった流派の道場に入門し、道場で武士としての嗜みを教育されるようになる。

他流試合が禁じられ、実戦の可能性はほぼなかったので、武術は技の見映えをよくする華法化の傾向があった。武術の技法より、禅や儒教の教えを取り入れて心法を強調する流派が出てくる。新陰流の四代目にあたる針ヶ谷夕雲は、参禅して大悟したと言われるが、それまでの剣術を「畜生心」によるものと否定して、「自性本然《じしょうほんねん》」に目覚め、争う心を捨て、一切の術の工夫を離れて、互いに争うことなく「相抜け《あいぬ》」することを目指す。

流派の中では、免許とする形が多くなった。一刀流では、小野忠明の時、形は二十五本であったが、中期には「表五十本」になり、さらには百十二本になっている。また新たな流派が相当に増えていた。武士は剣・槍を習うのが務めとは言われていたが、技の稽古が文字通り型通りなものになって、武芸の免許を義理や金で得る者までいた。

三十三間堂での競射

こうした中で、弓術では京都の三十三間堂の通し矢が盛んになった。これは、出来るだけ遠くへ矢を射る「遠矢前」と、素早く連続して射る「差前射《さしまえしゃ》」を合わせたもので、京都の三十三間堂の縁側で低い腰掛に座って腰をひねりながら発射する。縁幅2・2m、縁から天井まで5m、縁の長さ66間120mの空間を上下左右どこにもさわらずに射通すもので、一昼夜で射数無制限で行う全堂大家数が堂前射の華であった。尾張藩と紀伊藩、加賀藩など有力な藩の武士が藩の名誉をかけて競い合い、次々と驚異的な記録を打ち立てていった。1688年に紀伊藩の和佐大八郎が出した8133本射通し（総矢数1万3053本）が最高記録である。この競技で堅《かた》帽子の4つ碟《かけ》や押手碟が工夫された。また江戸や仙台にも同様の競技が出来る三十三間堂が建てられたが、やがて記録が頭打ちとなり、藩経済の困窮や士風の変化によって、その熱は冷めていった。

三十三間堂の通し矢の様子（長谷川豊春画）
国立国会図書館デジタルより

相撲の展開

元禄時代の前から土を詰めた俵を地面の上に円形または四角に置く土俵が出来、元禄年間から有名力士も出るようになり、職業相撲の勧進相撲が盛んになった。18世紀初期の享保の頃に俵を半分ほど土の中に埋めるようになってから、相撲競技は大きく変わることになる。また元禄年間には相撲故実（儀式作法）に吉田司家が行司として深く関わるようになる。その後、興行としての勧進相撲が盛行し、土俵や作法も整って、今日にも名を残す雷電為右衛門や小野川喜三郎などが出るのは、18世紀末のことである。

(3)江戸後期　流派武術の革新

1701年に起きた四十七士の赤穂浪士による吉良邸討ち入り事件は、太平の世に改めて武士の忠誠とは何かを問い直し、いざという時の武術鍛練の必要を思い起こさせるものとなった。[5] これ以後、仇討ち物の読み物や芝居が大いに流行することになる。

1716年、紀州藩主であった吉宗が八代将軍に就任して、幕府の諸方面の大胆な改革を敢行する。その柱の一つが武芸奨励であった。

将軍吉宗の武芸奨励

吉宗は、武術を奨励して、一芸一能のある者を広く登用したので、地方から出てくる者も少なくなかった。幕臣の番士で武芸に堪能な者を優遇する制度も始めた。そして綱吉以来、40年近く途絶えていた巻狩りを復活した。巻狩りは、采配を揮い、武技を試みる機会で、士風高揚を狙った軍事演習であった。1725年の小金原の巻狩りは特に大掛かりなもので、145の村から動員された人足5000人、列卒3000人、総勢3万人余りで、500匹近くの猪や鹿が仕留められた。吉宗は生涯338回もの遊猟を行った。

また200年以上も途絶していた弓場始めを復興させるため、諸藩の弓術師範や故実家に命じて秘書を供出させて、射礼を再構成して小笠原氏に伝えさせ、また流鏑馬《やぶさめ》を復興するために、小笠原氏に命じて調べさせて復興している。これが今日演武されている流鏑馬である。吉宗は、次男の田安宗武に、弓馬剣槍の師範をつけて稽古させている。

将軍自ら意欲的に行動したことが、一般にも大きな影響を与えて、この後多くの武芸新流派が現われることになる。

『本朝武芸小伝』

日夏繁高《ひなつしげたか》は、武術全般を総合的に著した最初の書である『本朝武芸小伝《ほんちょうぶげいしょうでん》』十巻を著した。

日夏は、剣術・薙刀の天道流を受け継ぎ、京都の亀山藩の兵法師範であったが、長年にわたって武芸者の伝記を集めて、武術を9部門に分け、152名の伝記をまとめた。

各部門の人数を挙げると、兵法（軍学）6名、諸礼11名、弓術30名、馬術11名、剣術57名、槍術21名、砲術9名、小具足4名、柔術3名である。この内、「諸礼」は小笠原流などの武家礼法で、後には弓術と一括され、「小具足」も「柔術」と一括される。したがって、軍学と弓・馬・剣・槍・砲・柔というのが、当時の常識で、後に藩校でもこれらが武術科目にされる。各部門の人数から、それぞれの武術の比重が推測できる。相撲や忍術などは武士の武術とは見なされていなかった。

この書は17世紀中の主要な流派の名のある武芸者をほぼ網羅している。二巻にわたる剣術が中心で、塚原卜伝、小野忠明、宮本武蔵など著名な者に関しては、軍記などを広く渉猟して関連記事を抜書きし、「或人曰」として種々の逸話を書き、「愚曰」としてその真偽についての自身の考察を書く。これが後の実録や講談などの種になっていく。

このように各流派にわたる集成した書が刊行されたことは、武術が歴史的な教養となったことを示している。

撃剣の始まり

剣術では、18世紀初期から直心影流《じきしんかげ》の山田光徳と三男長沼国郷が藩を辞して江戸に出て、面・胴・籠手《こて》の防具を工夫して、竹刀で打ち合う試合稽古の撃剣を始めてから、有名になった。竹刀は刀とは操法が違うので、最初は流派剣術から反発が大きかったが、実際に打ち合う競技的面白さがあったので、18世紀後半には一刀流中西派などが取り入れて急速に広がっていった。中西忠蔵は、面に布団をつけ、籠手も手首まで覆い、胴も工夫し、さらに竹を割った袋撓では撓うので、竹を4枚削って鹿皮で締めた竹刀（今日の竹刀の基）を作って、竹刀打ち込み稽古を始めた。中西は御徒組の軽輩で町道場を開いていたが、一刀流の小野家六代から「児戯に等しいもので、一刀流伝来の刀法を崩す」と注意された。だが中西は形稽古だけでは強く打ちがたく、勝負も分かりかねる場合も多いので、流派の形稽古の力量を検証するためにしていると主張した。これがタテマエであったが、次第に竹刀打ち込み稽古に重点が移っていった。

中西道場でも、寺田宗有は竹刀打ち込み稽古に傾く道場の方針に疑問を抱いて、心法を重んじる流派に転じて修行し、参禅もしていたが、藩命により、中西道場に戻ったものの、形稽古のみを行い、防具を着けずに竹刀稽古の者と立ち合っても、まったく打たせなかった。

けれども撃剣の竹刀打ち込み稽古は、神道無念流や心形刀《しんぎょうとう》流などの江戸に町道場を開く他の流派にも取り入れられて広がっていった。

形稽古の中興

18世紀後期から19世紀にかけては、江戸初期からの流派でも中興や復古再編が行われている流派が多い。伝統ある流派の宗家でも当主が若死にしたり、血統が絶えて、養子を迎えることが度々あると、技の継承が危うくなってくる。

尾張柳生家の新陰流剣術は、18世紀後半に封印されていた古伝書を開封して、検証している。18世紀末から19世紀初期、宗家が二代続けて若死にした時に、高弟の長岡房成が古伝書を渉猟し、詳しく注釈し、さらに江戸柳生家の技も調査して、古伝の「内伝」とその応用や稽古法を「外伝」として整備している。

今日伝わっているのは、この術伝である（江戸柳生家の術伝は明治維新時に失われている）。宮本武蔵の二天一流でも、熊本では直弟子の息子たちから四系統で継承されていたが、18世紀末、野田一渓が武蔵の古伝書を収集して注釈した書を著し、二天一流の形を復元しようとしている（今日野田派となる）。

起倒流の再編成と乱取り

柔術の起倒流の始祖は江戸初期の茨木専斎であったが、その技は伝わっていない。今日起倒流の形となっているのは、孫弟子の寺田正重が制定した「表十四本、裏七本」である。この形は、他流派とは異なり、相手が武器を持たず、急所を突く当て身や関節を逆に取る極《き》めがなく、立合いのみで、投げの原理を示す。裏七本は続け遣いである。当て身や極めがないので、痛い思いをすることなく、運動的性格が強い。

この形を、その孫弟子である堀田頼庸が、赤穂事件で浪人してから大坂に道場を構えて広めた。その弟子の滝野遊軒が江戸に伝えたが、門人は5700人にも上った。主な門人の一人が幕臣の鈴木邦教で、彼は起倒流を教えたが、別伝として「神人一体・天人合一」の境地に至るとする「神武の道」を説いた。鈴木も門弟3000人もおり、幕臣やさらに大名にも教えたが、その一人が松平定信であった。20歳の頃、吹き出物に苦しんだ定信は、大名に勧められて鈴木について起倒流を学び始めると、いつの間にか病気が治り、健康になり、また身体で実際に体験して「神武の道」も信じることができたという（『修行録』）。

また滝野門の竹中派から後に嘉納治五郎が出ることになる。起倒流の形は、当て身や極めを除いて、投げ技を追求していたので、やがて乱取りへと発展していたようである。

18世紀末の状況——寛政の改革と藩校での武芸奨励

18世紀後期には、経済発展の中で封建体制の矛盾が深まり、町人・豪農の社会的な上昇が見られ、社会全体が大きく変動していた。18世紀中期から一揆が頻発していたが、18世紀末からは外国船が度々日本に接近し、対外的な危機感も高まった。こうした中で、吉宗の孫の松平定信が主導する寛政の改革が進行した。定信も武芸を盛んに奨励した。

18世紀末からは諸藩でも藩政改革を担う人材養成のために藩校が多く作られた。藩校では、儒教の教育とともに、剣術・槍術・馬術・弓術・柔術・兵学・砲術など武術の稽古が奨励されていた。藩校に道場がない場合は、師家の道場に委嘱して武術の振興を図った。

19世紀初期の状況——社会の流動化と農民の武芸

19世紀になると封建体制は解体的状況となり、社会の流動性はより高まった。(6) 享保の改革の足高《たしだか》制以来、特に勘定方では、小身でも能力ある人材は抜擢されることが可能になった。中級以上の武家では、養子制度によって能力ある者を入れることもあった。学問や武芸では能力のある者が取り立てられることも増えた。郷士や浪人、町人、農民が才能を発揮して武士に取り立てられることもあった。また御家人株や下級の郷士の株が売買されて、豪農や富裕な町人が株によって下級武士になることもあった。

幕府は19世紀初頭に農民の武芸禁止の布達を関八州御領・私領村々へ発している。関東で農民が武芸、特に撃剣を行っているのが目に余るので禁令を出したのである。以降も度々禁令を出していることを見れば、それだけ実態は深刻だったのである。一揆が頻発し、浪人層の増大によって、地方自治を預かる豪農層や町人も武芸を熱心にやる背景もあった。撃剣の試合が盛んになると、関東近郷への武者修行も行われるようになっていた。

有名な撃剣家　男谷精一郎・齋藤弥九郎・千葉周作

男谷精一郎は、祖父が新潟出の視力障がい者だったが、江戸で金貸しをして成功し、父に御家人株を購入して幕臣となった家の出で、20歳で同族の旗本男谷家の婿《むこ》養子となる。勝海舟とは従兄弟になる。撃剣を始めた直心影流の道場を継いだが、他流の者に撃剣の試合を申し込まれると受けて、必ず相手に一本を打たせてから二本取って勝った。書院番に昇格した地位の高さもあって、当代随一とされた。

神道無念流の齋藤弥九郎は、越中の農民の生まれで、江戸に出て旗本の家僕になったが、15歳で入門し、数年でたちまち先輩を凌駕して代稽古をするに至った。同門の伊豆代官・江川太郎左衛門の後援を得て練兵館という道場を開いた。息子新太郎が長州藩へ武者修行に行き、高杉晋作や桂小五郎を弟子とする。

千葉周作は、陸前の郷士で父から家伝の北辰流を学ぶが、15歳で江戸近郊の松戸に上り一刀流中西派の道場で学んで免許皆伝になった。その後、埼玉地方を武者修行してから、江戸に北辰一刀流の町道場を開いた。千葉は、一刀流の形稽古の大切さを、当時、茶の湯で言われていた「守・破・離」を使って、流派の形を守って、趣意を知り、やがて趣意になずまず、破って、やがて離れて自在になると説いた。そして竹刀剣術の技術を整理し、教習法を簡素化し、学びやすくして、人気を博した。

この頃、撃剣の新流派が数多く出来、江戸の町道場が盛んになった。天保期には他流試合も解禁されたので、地方からの遊学も盛んになった。天保後期に水戸藩が藩校の弘道館を立てた折には、齋藤と千葉は指導に招かれて、千葉は百石を給されている。

千葉は「心気力一致」「気剣体一致」を言い、その遺稿の「剣術六十八手」には、面、籠手、胴、突きの技が整理されている。今につながる剣道の技法もかなりの部分はこの時代に出来上がっており、近代剣道の基盤になるのである。

柔術の道場と新流派

藩校が出来たことにより、柔術でもそれまで土間だった道場が、板間やさらには畳の道場を使う流派が出てきた。起倒流の投技の乱取りは自由に技を掛け合う分、板間より畳の方がはるかによかったはずである。

19世紀初期には、起倒流と並び柔道の母体となる天神真楊流も生まれている。磯正足が、楊心流の極めの形を整理したものに、武者修行の中で大勢と戦った時に当て身の重要性を認識して真之神道流の技も合わせて樹立したものである。

弓術の道場

弓術では、遠矢や次々と射る操矢《くりや》、三十三間堂などの堂前射など、様々な射術があったが、この頃から近的がほぼ主流となる。藩校に今日の弓道場とほぼ同じ15間（28ｍ）先の垜《あずち》に1尺2寸（36㎝）の的を置き、屋根付きの板間の射場がある道場が作られるようになった。

江戸後期には、今日につながるそれぞれの武道の直接の始まりが見られるのである。

(4)幕末　江戸時代の武士の終焉

1853年、ペリーの黒船が来航して、武力を誇示して開国を要求した。これは200年以上の鎖国体制を揺るがす事件であり、次の将軍継嗣問題とも連動し、さらに天皇が攘《じょう》夷《い》の意思を鮮明にしたので、尊王攘夷が大きくクローズアップされ、幕末の大変動となる。

講武所における撃剣の採用と統一

黒船来航以後、幕府は軍事力の強化のため、1856年に講武所を開設し、剣術を西洋砲術と並んで訓練させた。柔術と弓術も、一時教授科目となったが、実用性に欠けるとして、やがて排除された。だが、剣術は依然として武士の精神を養うものとして重視されていたのである。

男谷精一郎が頭取になり、今は実用が重要だとして、流派の形稽古はやらずに、撃剣の竹刀打ち込み稽古と試合が行われた。講武所に竹刀剣術の主な流派の遣い手が集められ、竹刀の長さが3尺8寸に統一され、試合稽古の形式も「一本」を取り、三本勝負に固まって、近代剣道の基盤が築かれた。

テロの季節　志士と新選組

1858年譜代の井伊直弼が大老になり、勅許なしに開国を決定、また次の将軍を紀州の徳川慶富に決定し、反対派を弾圧した。この安政の大獄に対して、1860年に井伊が暗殺されて以降テロの季節に入る。

討幕派の尊王攘夷派でテロを行ったのも竹刀剣術派出身の郷士や浪人であり、また彼らを取り締まるため、幕府が募集した浪士隊にも、竹刀剣術の浪士や豪農層が256人も集まった。浪士組は京へ行ったが、不穏な動きがあったので幕府は江戸に呼び戻したが、そのまま京に残った者が新選組となる。京の志士の取り締まりに活躍した近藤勇や土方歳三は士分に取り立てられることになる。

上級武士層にとっての剣術——斬り合わない覚悟

志士たちが仲間内での情報と志操の高まりからテロを行ったのに対して、上級武士たちは接する情報も判断も違っており、何より刀で斬り合うことには抵抗感があった。それは、坂本龍馬が開国論者の勝海舟を斬ろうとしたが、勝から世界情勢と海軍の必要性を説かれて感服し直ちに弟子入りしている事件に象徴的に表れている。勝は若い時代に直心影流の剣と禅で、勇気と胆力を培ったので、刺客に度々襲われても刀を抜かず「手取りにした」と語っている。旗本の山岡鉄舟も剣と禅を修していたが一度も刀を揮わなかった。

桂小五郎も剣術道場の塾頭を務めながら、刀は実際には揮わず、「逃げの小五郎」と言われた。

襲われても、斬り合わないのは技の力量と強い覚悟があって始めて可能なことである。

剣術鍛練の大いなる賜物

彼らが剣術で培った胆力はさらに巨大なものであった。

山岡鉄舟は、戊辰戦争で江戸城の総攻撃を準備する官軍の中を堂々と突破し、本陣の西郷隆盛に直接談判をして、徳川慶喜の恭順の意志を伝え、勝の書状を渡した。山岡は、戦闘回避の必要を説いて、西郷から官軍側の7項目の和平条件を引き出したが、慶喜を備前へ預ける項については、幕臣の忠義心を説いて受け入れられないと強く反論して、西郷の心を動かし善処の約束を取り付けた。

山岡は官軍陣中突破の折、少しも恐れず堂々たる態度であったので官軍も手が出せず、直談判でも西郷に気迫で譲歩させたのである。山岡は後に「自己あれば敵あり、自己なければ敵なし」として無刀流を開くことになるが、この困難な直談判を成功させたものは、剣術の鍛練の賜物と言ってよいであろう。

江戸城無血開城は、この山岡の直談判あって初めて可能になった。それを決定したのは勝と西郷の会談だが、勝は後年「本当に修業したのは剣術ばかりだ」、剣術を極めるために禅も修めたが、「坐禅と剣術がおれの土台となって、後年大層ためになった」、「いつもまづ勝負の念を度外に置き、虚心坦懐、事変に処した。それで小にして刺客、乱暴人の厄《やく》を免れ、大にして〔幕府の〕瓦解前後の難局に処して、綽々《しゃくしゃく》として余地を保った」と語っている（『氷川清語』）。

江戸城総攻撃中止を決めた勝と西郷の会談は、互いに全軍の処置を自分の一存で決する自信を持った上で、相手を信頼して初めて可能な交渉であり、剣術の一対一の立ち合いの如き交渉であった。勝は、幕府海軍の攻撃の可能性もほのめかしながら、江戸城を引き渡すが、幕府の軍備を即座には引き渡すことが無理なことと慶喜の処遇についての譲歩を引き出して話をまとめた。

信義を重んじる誇り高き武士同士で成り立った特異な交渉であった。交渉で決められた事項を実行することは、双方によって非常に困難なことであったが、ともかく山岡、西郷、勝の三者の大いなる胆力によって、大破局の危機は回避されたのである。

上泉信綱は「千人に英、万人の傑たるにあらざれば、いかでか予が家宝を伝えんや。……龍を誅する剣、蛇に揮わず」と書き、柳生宗厳は「務めて英雄の心をしる是極《ぜごく》一刀」と記していた。この交渉には、まさに英雄と言うべき武士が天下の大事に発揮した大いなる覚悟の顕れが見られると言えるのではないか。剣は時代遅れのように見えながら、肝心なところで乾坤一擲《けんこんいってき》の一閃があったのである。

第4章

近代武道の成立

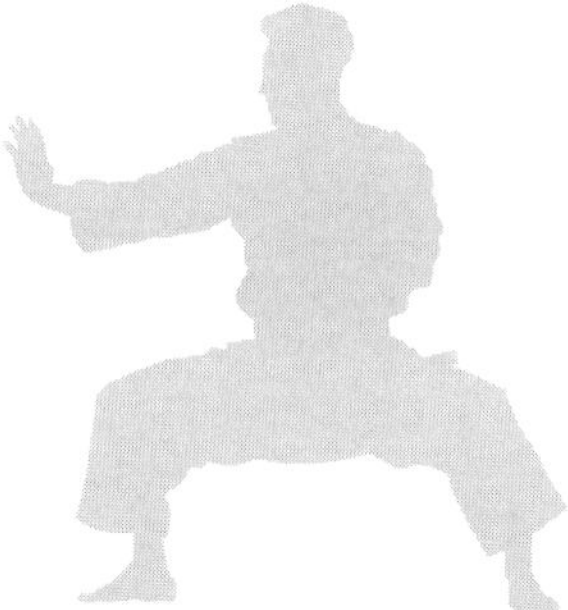

明治維新以後、新政府は上からの近代化を推進した。武士階級は解体され、武芸は存亡の機に瀕した。この時期、警察において武術は存続した。明治22年大日本帝国憲法が公布され国家体制が確立する頃、伝統武術を近代的に再編成する動きが生じた。嘉納治五郎は、柔術2流派を合わせ、危険な技を禁じて自由に技を掛け合う乱取りを主とした柔道を作った。剣術や弓術でも再編が行われた。明治28年日清戦争後に大日本武徳会が民間で設立され、日露戦争へと続く間に大発展した。武道の振興が図られ、明治44年に学校教育でも武道の指導が認められた。

大正期には学生層や都市勤労者が増大して、スポーツや武道を盛んに行うようになる。学校対抗戦や各種競技会が行われ、武道もルールや審判法を整備し、全国大会も開かれる。沖縄の唐手が本土に紹介され、柔道などの影響を受けて空手道として流派が出来、競技化もされた。こうした競技化の流れに抗して、「弓禅一味」をいう阿波研造など武道の精神性を強調する流れもあった。

昭和初期には世界恐慌から抜け出すため、中国に侵攻する中で日中戦争が起き、さらには太平洋戦争に拡大した。戦時下で武徳会は官立に改組され、武道は国粋主義化され精神主義を強調し、さらに戦技化も進むことになる。

武道のあゆみ ― その2

時代		西暦	日本社会の動き	武道の歴史
明治	明治1	1868	明治維新	この頃、文明開化の中で伝統武術は時代遅れとされる
	4〜		廃藩置県。地租改正。学制。徴兵制公布。明9廃刀令	（明6）撃剣興行会、一時流行も禁止
	10	1877	西南戦争	警視庁の抜刀隊活躍 伝統武術見直しへ 警視庁で撃剣・柔術の稽古
	15〜		松方財政（紙幣整理）	嘉納治五郎、講道館設立
	16		言論統制強化、鹿鳴館	文部省、撃剣・柔術の学校教育への採用の可否を諮問
	17		デフレ不況。秩父事件	体操伝習所、採用は否を答申
	22	1889	大日本帝国憲法公布	嘉納、柔道の教育的価値を講演
	27・28	1894・95	日清戦争、ナショナリズム高揚 戦後、産業革命進む	（明28）大日本武徳会設立（京都）、剣術・柔術・弓術などの演武会
	32	1899	新渡戸『武士道』（英文）	武徳会の武徳殿完成
	37・38	1904・05	日露戦争に勝利	（明38）武徳会、武術教員養成所開校
	43	1910	韓国併合	（明39）武徳会、柔術・剣術の形制定
	44	1911	関税自主権回復、条約改正（中国、辛亥革命）	中学校で撃剣・柔術の指導可に 大日本体育協会設立
大正	1	1912	大正デモクラシー始まる	大日本帝国剣道形を制定
	4〜8	1914〜18	第一次世界大戦 大戦景気で輸出急増	（大8）武道専門学校（柔道・剣道・弓道）に改称する
	10〜		都市化進展、サラリーマン層誕生、生活の洋風化	（大11）琉球唐手、本土に紹介される 嘉納「精力善用、自他共栄」
	12	1923	関東大震災	警視庁、武道対抗試合開始
	13		明治神宮競技大会開始	武徳会は競技会に不参加表明
	14		普通選挙法・治安維持法	（大15）文部省「剣道・柔道」に改正
昭和（初期）	4	1929	世界恐慌始まる	御大礼記念天覧武道大会（柔・剣道の高段者の全国大会）
	6		満州事変（翌年満州国）	中学・師範学校で柔・剣道必修
	7		5・15事件（犬養首相暗殺）	（昭11）道場に神棚設置を義務化
	12	1937	日華事変（日中戦争始まる）	学校体育で、弓・薙刀も指導可
	13		国家総動員法公布 国家統制強化、軍国主義化	（昭16）国民学校で武道必修 武道のイデオロギー化強化
	16	1941	アジア・太平洋戦争始まる	（昭17）武徳会、政府の外郭機関に改組
	〜20	1945	戦時体制、沖縄米軍占領	スポーツの武道化、武道の戦技化

近代武道の成立過程

(1)明治初期の状況

明治維新以降、西欧の軍事力による圧迫により日本の独立の危機意識があったので、社会全体の急激な近代化が新政府主導で上から強行された。明治4年（1871）の廃藩置県で藩校が廃止されたので、武芸教育はなくなった。明治6年には徴兵令が出され軍事力が国家に独占され、同年頃から秩禄処分が行われ、武士の生計は成り立たなくなった。明治9年には帯刀禁止令が出る。武士の身分の象徴であった帯刀が禁止された。

明治初期の10年間は「文明開化」期で、伝統的なものは時代遅れとされ、武芸の担い手の武士階級が解体され、江戸時代に展開した流派武術は存亡の機に直面した。伝統ある血筋の者や地方の道場の流派は何とか受け継がれてはいたが、武芸で生計を立てていた者の困窮は甚だしかった。

撃剣興行会

幕末に講武所教授方だった榊原鍵吉は、旧旗本の有志と明治6年に「撃剣興行」を願い出て許可された。これは相撲と同じく東西から剣士を呼び出し撃剣の試合するもので、一流の剣士が集まり、入場料を払えば庶民がそれまで見ることが許されなかった試合を観戦できたので、大評判となった。その後、撃剣興行会は、東京のみならず、全国各地でも行われたが、やがて政府によって禁止されることになる。短期間ではあったが、撃剣興行会は、技術の展開と試合法など、後に影響を残した。

伝統武術の見直し

伝統的な武術を見直す気運が出てきたのは、明治10年（1877）の西南戦争で、警視庁の抜刀隊が活躍してからである。警視庁は警察官に撃剣と柔術を訓練するこ

月岡芳年画「撃剣会之図」（国立国会図書館デジタルより）

とにし、武術大会を催し、優れた剣術家、柔術家を世話係に登用した。当時採用された高野佐三郎、内藤高治、山田次朗吉などは、後にそれぞれに教育の場に出て、近代剣道の確立に尽力することになる。

また、軍隊でも武術鍛練は必要であった。武士は、そもそも軍事・警察の役割であり、帯刀禁止令以後も腰に帯刀が許された軍人や警察官への希望者が多かった。元武士である士族の新たな就職先としては、官吏・教員などが多かった。

自由民権運動が盛んになる中で、言論弾圧も厳しくなったので、運動会や懇親会の形を取る結社も多くあり、撃剣の試合や壮士養成として剣術訓練をする結社もあった。

文部省の諮問と体操伝習所の答申

こうした中、明治12年には学習院に剣道場が建設され、また各地の中等学校や師範学校で剣道を教育しようとする動きもあった。そこで文部省は、明治16年に体操伝習所に対して「撃剣・柔術の教育上における利害適否」の調査を諮問した。体操伝習所は、明治11年に学校教育の中に近代的体育を確立することを目的に設立され、アメリカ人リーランドを招聘していた。体操伝習所は翌年に撃剣・柔術は「身体の発育を助く」が「発育往々平等均一を失わん」、「実修の際多少の危険あり」、「身体の運動適度を得しむること難く」、「精神激し易く」、「非なる勝負の心を養ひがちなり」などを挙げ、一斉教育に向かないこと、剣術は稽古道具も要することも挙げて、「正科として採用することは不適当なり」と答申した。それによって、文部省は学校教育での武道の採用を否定した。

しかし、以後も剣道を中心に正科採用の請願運動が展開することになる。政府の近代化推進の中でも、それぞれに武術修練を続け、道場で教育をする者も全国にかなり存在していたのである。

(2)近代武道への再編成

明治中期に武術の近代化に貢献した代表的人物に焦点を当てて見ておきたい。

山岡鉄舟における剣術の見直し

剣術では、幕末の段階で防具を着け、竹刀で打ち合う試合の形がすでに出来ていた。幕府の講武所において流派を超えて稽古と試合が行われていた。竹刀の長さも3尺8寸と決められ、一本を競って三本勝負の形も出来ていた。けれどもその後、戊辰戦争の動乱と維新後の近代化の流れの中で、剣術は存亡の機に立たされていた。

明治になって竹刀剣術に新たな意味を見出したのが、戊辰戦争の時に敵陣中を突破して江戸城無血開城に向けた最初の交渉をした山岡鉄舟であった。山岡は、特に西郷に頼まれて明治5年から明治天皇の侍従になった。山岡は維新後も剣と禅の修行を続けていたが、明治13年、45歳で剣において大悟したという。山岡の心には幕末に中西派一刀流の浅利義明と立ち合った時の太刀先が残っていたが、この時それが跡形もなく消えたという。山岡は浅利と実際に立ち合って直ちに極意の会得を証された。「敵と相対する時、刀に依らずして心を以て心を打つ」として「無刀流」を開き、明治15年（1882）に春風館を興して門弟を指導した。宮内省の済寧館でも華族や皇宮警察官を指導した。朝から晩まで一日二百面を百日続ける立切稽古を始めた。二百人もの相手と次々と打ち合い身体を限界に追い込むことにより「無我」「無心」になることを目指した。同17年には一刀流で将軍家兵法師範の小野家九代目業雄に出会って宗家の一刀流の組太刀を稽古し、翌年には相伝伝授されて、一刀流正伝無刀流を名乗るようになる。敵に勝つより、戦う心を超越した境地になることを至高とし、明治17年からは門下に試合を実質上禁じて、精神修養の面を強調した。山岡は明治21年に亡くなったが、その門弟たちは剣術修練の意味を人間教育だと主張することになる。

嘉納治五郎における柔道の誕生

近代武道の再編成を最も徹底して行い、他の武道の近代化のモデルとなったのは、嘉納治五郎の講道館柔道の形成である。嘉納は、1860年に神戸の造酒屋に生まれたが、父が幕末から海運業を始めたので、維新後、新政府の海軍創設のために東京に呼び出された時に一緒に上京した。漢学と英学を学び東京大学に入ったが、体が小さく、体力的には劣るので、小身でも大男を投げられるという柔術に憧れ、18歳から天神真楊流柔術を学び始めた。しかし2年後師が亡くなったので、その家元に就くがまた亡くなったので、起倒流柔術を学ぶことになる。同じ柔術でも天神真楊流は固め技（抑え技、関節技、絞め技）が多く形稽古だったのに対して、起倒流は投げ技に優れ、自由に技を掛け合う乱取りを重視していた。嘉納は技の理論を聞いたが、師はただ稽古あるのみだとしか言わないので、自分で人形を使ってテコの原理や重心の位置などで技を合理的に捉えようとした。

嘉納は、武士出身でなく、大学生という少壮エリートであり、青年期になって初めて柔術を学び始め、しかも異なる傾向の二流派を比較できる立場にいた。そこから柔術の近代的な再編成に取り掛かるのである。

嘉納は大学を卒業して学習院で教える傍ら、明治15年に講道館を開設し、柔術を稽古し、学問を教えた。講道館では最初先の二流を折衷したものを教えていたが、他流の柔術出身の門下生と一緒に自由に投げ合う乱取りで新たに有効な技の開発をしている。嘉納は、乱取りに向かない伝統的な技は「古式の形」として別に残すとともに、自由に投げ合う乱取りを基礎として多様な技に組み換え、それらを投げ技、固め技、当身技に分け、投げ技を手技、腰技、足技、捨て身技と区別し、技の理論を明確にした。数年で講道館柔道の技の基本が出来上がった。

明治22年、嘉納は文部大臣・榎本武揚の前で「柔道一班並に其教育上の価値」の講演を行い、実演も交えて柔術と柔道の相違を説明し、柔道は「体育法」、「勝負法」、「修心法」を併せ持つものだと主張した(1)。文部省の正科採用不可の理由を意識して、体育的な意味を強調するとともに、修心法として、柔道の稽古では、技をよく観察して記憶し、想像して試し、人に説明できること、新しい思想も容れる度量を持って学ぶべきことを説いた。また柔道の教えを応用して自他の関係を見、先を取り、自制すべきことも弁えておくことなどを説いている。ここに講道館柔道が誕生したのである。

嘉納は講道館柔道の普及のために、様々な工夫を行っている。修練の階梯を「目録、免許、皆伝」に代えて、より明快で取得しやすいように段級制を工夫し、段位を得た者は黒帯を締めることにした。教授法として「投の形」「固の形」を作って基本の技を稽古させた。他方、起倒流の技は「古式の形」として保存した。技の原理を〈崩し・作り・掛け〉で説明する。つまり相手のバランスを崩し、技を掛けやすいように作りとしてから、技を掛けるのだと教えた。

本多利実における弓道の革新

弓術は元旗本で尾張竹林派の本多利実《ほんだとしざね》が、明治22年に弓術の荒廃を嘆いて弓術継続会（後に弓道館）を設立した。本多は、伝統流派の斜面打ち起しを、弓を真直ぐ上げてから体を入れてバランスよく引分ける正面打ち起しに改めた。本多は、伝統的な技を合理化し、明治25年の第一高等学校の弓術師範となり、5年後『弓学講義』で身体の構造を踏まえた合理的な射法を理論化している。本多が工夫した正面打ち起しの射法は、明治末期から大正時代に広まった。

(3) 大日本武徳会と武道の定着

明治27〜28年（１８９４〜９５）の日清戦争から10年後の日露戦争（１９０４〜５）の時期は、対外戦争とその戦勝によってナショナリズムが非常に高揚した時期であった。新渡戸稲造の『武士道』（１８９９）が英文で刊行され、日本が日清戦争、さらに日露戦争にも勝った要因を説明するものとして欧米でベストセラーになったが、日本語に訳され、国内でも武士道がブームになった。すでに武士の時代を知る世代は少なくなっていた。こうした中で、近代的に再編成された柔道と撃剣は、学校・一般道場・警察・軍隊で盛んになり、また弓術も学生を中心に展開することになる。近代武道の担い手は、帝国憲法と教育勅語で教育された世代の学生たちであった。

大日本武徳会の設立

明治28年（１８９５）、桓武天皇による平安京遷都１１００年を記念して、京都に大日本武徳会が設立された。武徳会は演武会を催し、６６７人が参加したが、剣術が３３８人、柔術117人、弓術114人、槍術17人、薙刀14人などであった。以後、演武会は毎年開催されるようになる。初期の演武者には幕末の武芸経験者もおり、伝統的な武術流派を引き継いでいる者もいたが、公開演武をし、他の流派や武術の演武を見ることによって、変容していく。武徳会に組織化されることにより、いやおうなく近代社会に応じたものへ変わっていった。

武徳会は、当初1800人足らずの会員で発足したが、皇族を総裁とし、内務官僚や知事、警察も会員募集に協力させたので、わずか2年後には10万人を超えた。

武徳会は、明治32年（1899）平安神宮に武徳殿を建てた。武徳殿は、正面に天皇の玉座が設えられ、復古的な「創られた伝統」という性格を表していた。

以後、武徳殿で演武会を開くようになる。さらに明治35年（1902）には「範士・教士」の称号を授与し、年金を設けて武術家優遇制度を敷き、武術振興に努めた。日露戦争が起こって、ナショナリズムが高まる中、会員は翌年には10

京都にある旧武徳殿

0万人を超えた。この急激な会員数の増加は、日露戦争を通じて軍隊の力の増大が大きく影響していると考えられる。

形の統一

武徳会は明治38年には流派を超えて統一した柔術・剣術の制定形を定めた。武徳会による形の統一では、柔術に関しては、嘉納治五郎が部門の責任者となり、講道館がすでに大きな力を持っていたので、明治39年（1906）の武徳会の制定形（投げ技十五本、固め技十五本）で異論は出なかった。けれども剣術は伝統ある流派が多く、同年の武徳会の制定形三本には異論が多かったので、改めて20人の委員を委嘱して再調査を行って、大正元年（1912）に大日本帝国剣道形（太刀の形七本、小太刀の形三本）を制定した。これは現在、日本剣道形として受け継がれている。

武道教員の養成

武道を学校教育で行うことは、武道関係者の長年の悲願であった。明治29年（1896）には帝国議会に柔・剣術を中学校の正課に加えることが建議されたが、否決された。中学校での正科として柔道・撃剣を教えてもよいことになったのは、明治44年（１９１１）であった。

学校の教科となると、教員の養成が必要であり、教授するのに形の統一と集団教授法の開発が早急に必要となった。東京高等師範学校では、明治41年には正科編入に向けて撃剣講師に高野佐三郎を招聘した。高野は、大正４年に集団指導法を書いた『剣道』を出版する。この書は以後の剣道指導書のバイブル的なものとなる。集団訓練の中で礼法もこの時期に整えられている。

他方、京都の大日本武徳会は、武術教員養成所を明治45年には大日本武徳会武術専門学校に拡充した。撃剣科では、内藤高治が主任で切り返しと掛り稽古で基礎を徹底した教育を行った。同校は大正８年（１９１９）から撃剣・柔術科目の教員無試験検定校になって多くの教員を輩出した。翌年に武道専門学校と名称を改めた。武徳会では、柔術・剣術の段位も出していた。

嘉納治五郎の活躍

この間、柔道を創始した嘉納は、明治26年（１８９３）以来、大正９年（１９２０）まで3期、通算25年間、東京高等師範学校長の職にあった。東京高等師範学校は、全寮制で全国の都道府県から推薦された中等学校教員の教育で、全国の教員養成の中心であった。明治27年には大運動会を開催、柔道部を作った。2年後には運動部を統括する運動会を組織した。運動部には、柔道部、撃剣部、弓技部などの他、ベースボール部、テニス部、徒歩部（陸上）、游泳部などスポーツ全般にわたる部があった。

嘉納は、明治42年（1909）にはクーベルタンの要請により、国際オリンピック（IOC）委員になった。2年後には大日本体育協会を組織し初代会長となって、翌年の第5回オリンピックに日本が初参加した時の団長となった。嘉納は、柔道だけでなく、剣道、相撲、さらに日本のスポーツの普及・発展に大きな功績を残し、後には沖縄の唐手の本土紹介にも助力している。嘉納は、日本国内だけでなく、柔道を欧米に広める努力もしている。嘉納自身が洋行する度に柔道を紹介するとともに、講道館の門下を普及のために派遣している。

柔道の国際化の努力

嘉納は1889年の洋行時にソルボンヌ大学で柔道を紹介したが、その後も、欧米や中国に11回も行く度に柔道について講演・紹介をした。また、海軍軍人で講道館門人の広瀬武夫がロシア駐在中に柔道を披露した。海軍の軍艦が寄航したオーストラリアやドイツなどでも海軍軍人が柔道を紹介していた。

海外で本格的に柔道を指導するのは、アメリカの鉄道王の招きで、1903年に講道館六段の山下義韶《よしつぐ》が夫人とともに渡米したことに始まる。山下夫妻は、1907年まで、大統領セオドア・ローズベルトの家族や各界名士の他、ハーバード大学やアナポリス海軍兵学校などで指導をした。

次いで講道館の初期からの門人富田常次郎が前田光世らと渡米したが、富田がアメリカ軍人に敗れたのに発奮した前田は、富田と別れて欧米各地でレスラーやボクサーと試合を行い、連戦連勝して柔道の強さを見せつけたという。前田は、最後はブラジルに渡り、そこでグレーシーに柔道を教えた。後にこの一族はその柔道を発展させ、半世紀後に「グレーシー柔術」として日本にも知られることになる。

後になるが1918年にはロンドン武道会が建てられ、フランスにも紹介される。1935年にはパリに渡った川石造酒之助が外国人用の柔道指導法（川石メソッド）を始めて、フランスに柔道が根付くことになる。嘉納は、こうした状況も踏まえて、1930年代には柔道の国際組織を構想していたが、1938年の彼の死により実現しなかった。

近代スポーツ史における武道

近代スポーツの展開を考えると、イギリスのパブリック・スクールでサッカー、ラグビーなどの試合や、陸上競技大会などが始まったのが1860年代、ドイツで体操競技が連盟を組織したのは1880年代、アメリカで、バレーボールとバスケットボールが考案されたのは1890年代である。近代オリンピックの第1回大会が開かれたのは1896年である。日本の武道が伝統武術を近代化して社会に定着させ、組織的に展開するのが1890年代後半であったことは、世界の体育・スポーツ史上でも特筆に価することである。特に柔道は以降30年余りで欧米へも本格的に普及するようになっていたのである。

近代武道の展開——大正時代

(1)明治末期から大正時代へ

日露戦争後の明治末期、日本は近代化を達成して、不平等条約も改正した。朝鮮併合（1910）に続き、中国東北部への進出も図って、帝国主義の道を歩むことになる。1912年から大正時代に入る。第一次世界大戦（1914〜18）中には、戦場となった欧州向けの輸出が大幅に伸び、国内では大戦景気になるとともに、アジアに勢力を広げていった。江戸時代に生まれ、武士であった世代はほぼ亡くなったが、「武士道」のブームが興り、軍国主義的な傾向も強まっていった。

東京を中心に都市市民層が形成されていたし、大正9年（1920）の大学令の改正によって私立大学が増えて、学生層が急拡大していた。大正時代には教養主義が展開する一方、スポーツや武道の課外活動も盛んで、学校対抗戦なども行われるようになっていた。この時代に、大学・高等学校・高等専門学校の学生を中心に武道が展開する。

「武道」という名称

「柔道」という名称は、講道館柔道が広まるにつれ、明治30年代にはかなり知られるようになっていた。生け花や茶の湯が近代化され、新たに意味づけられて「華道」や「茶道」を名乗り始めるのは1890年代である。「道」の名称が広がった背景としては当時「修養」

が盛んに言われていたことがあった。〝術〟から〝道〟へとして、技の修練によって人間の修養を図るという含意があった。柔道の成功に刺激されて、撃剣に代わって「剣道」の名称が定着してくるのは、1910年代である。そうした流れの中で、大正8年（1919）、武術専門学校の校長であった西久保弘道は、それまでの「柔術・撃剣・弓術」を、「柔道・剣道・弓道」に改め、武術専門学校を武道専門学校に改名することに力を尽くした。文部省の用語として「撃剣」が「剣道」に代えられたのは、大正末年で昭和初年となる1926年のことであった。

武術伝書の刊行

この時期から、江戸時代には流派の秘伝とされていた剣術の伝書が公開され始めた。明治42年（1909）年には宮本武蔵の『五輪書』が公刊され、さっそく高野の『剣道』の付録に剣道の精髄を著した書として掲載されている。大正4年（1915）には江戸期の武術書21編を載せた『武術叢書』が出されている。冒頭には諸武術ごとの名人150人を書いた『本朝武芸小伝』と諸武術の流派系図を載せ、『五輪書』や新陰流、一刀流の伝書から幕末までの剣術伝書を掲載する。

大正10年には山田次朗吉が『剣道集義』正続で剣術書36編を翻刻・刊行したが、大正14年には『日本剣道史』を著している。また文学士の下川潮著『剣道の発達』という通史も出版された。改めて武道の歴史が問題にされるようになってきたのである。

(2)競技会の隆盛

1920年代の学生スポーツの展開と武道の競技化

大正末期から昭和初期になる1920年代には、都市中間層が大量に増え、学生層も大幅に増加する中で、学生スポーツが盛んになり、競技化の傾向が顕著になっていた。オリンピック大会には、すでに1912年に日本も参加したが、1920年のアントワープ大会参加から合理的な練習法も導入されることになる。新聞社主催の全国中等学校優勝野球大会は1915年に始まっていたが、1924年に甲子園球場に移り、さらに1927年にラジオの実況放送を契機に一気に野球人気が盛り上がった。1925年には都道府県対抗の各種スポーツの全国大会となる明治神宮大会が開催されるようになった。戦後の国民体育大会（国体）の始まりである。1920年代は、新聞が大きく部数を伸ばし、大衆向けの週刊誌も創刊されたが、スポーツも盛んに記事にされて、スポーツ熱が高まっていた。

「高専柔道」

こうした中で高等学校や高等専門学校などの対抗試合も盛んに行われるようになった。各チームの勝ち抜き戦となるが、柔道では、立技の投げ技よりも、固め技の寝技の方が、短い習得時間でも勝つことができたので、高専大会では、試合で立ち合うや、すぐに寝技に持ち込む試合の仕方が広まった。これにより固技の研究が深まったが、嘉納治五郎は、柔道は本来、立技を主とし、固め技は従たるべきものだと注意していた。

明治神宮大会　体育の全国大会

ルールが整備され、大正13年（1924）には各種スポーツの全国大会となる明治神宮競技会が開かれた。陸上競技、水泳、野球、フットボール、バスケットボール、バレーボールに加えて、柔道・剣道・弓道・相撲の試合が行われた。武徳会は、「武道は勝負を争うことを本旨としない」として不参加を表明したが、参加する者たちがいたので、実質的には武道も行われた。武徳会としても2年後、体育会に名称を変えたことを理由に参加した。以後、毎年大会が開催され、戦後には国民体育大会（国体）に展開していくことになる。競技が盛んになるに従って、武道のルールが他のスポーツと比較され、スポーツ的な試合方法（対抗戦、リーグ戦、トーナメント法、三審制等）が工夫されるようになった。

天覧武道大会の開催

昭和4年（1929）には天覧の全国選手権大会が開催されることになる。昭和天皇の即位を奉祝する大会とされ、武道の専門家を中心とした指定選手と、各都道府県の代表からなる大々的な選手権大会であった。審判員を3名にするなど、試合ルールが明確化された。これまで剣道では最上級の範士・教士クラスでは、はっきりと勝負をつける試合をすることがなかったが、審判をつけて勝負をつけるようになった。ただ武道専門学校の剣道師範の内藤高治は、「これで剣道は終わった」と歎いたという。これ以後、全国規模の選手権大会が開催されるようになった。天覧武道大会は、この後、昭和9年の皇太子誕生記念と同15年の皇紀2600年奉祝の大会が開かれている。これ以後、武道の競技化の流れは、一層強まるのである。

これら武道の発展に刺激され、それまでになかった種目が武道に加わるようになる。

⑶武道の拡大　相撲と空手道の本土紹介

相撲の歴史

相撲は、元来は農耕儀礼や神事と結びついており起源は古い。平安時代の「相撲節会」、鎌倉時代の「武家相撲」、さらに江戸時代の「勧進相撲」などは、いずれも職業的力士が行っていた。農村では宮相撲も行われていたが、流派は作られなかった。丸い土俵ができ、決まり手が整備されたのは18世紀頃で、18世紀末には谷風など名力士が出て、上覧相撲を契機に相撲故実も復活・整備された。明治になって東京会所が設立され職業相撲が公認されたが、力士は髷《まげ》を結い、行司は烏帽子《えぼし》・直垂《ひたたれ》姿で伝統性を強調し、度々天覧に浴し、日清戦争後から名力士も出て人気を博し、明治42年（1909）に相撲常設館を「国技館」と呼ぶようになってから、相撲は「国技」と言われるようになった。

アマチュア相撲の展開

こうした職業相撲の隆盛に伴って、嘉納の提唱もあって、明治33年（1900）から体育として課外活動で学生相撲が展開した。相撲は江戸時代には武士たちが行う武芸ではなかったが、明治後期に体育として武道に入ることになった。明治末期には学生相撲は非常に盛んになった。明治45年（1912）初の学生相撲大会を開催して以来拡大し、大正8年（1919）全国中等学校相撲大会が開催され、大正13年（1924）からの明治神宮競技大会に相撲が取り入れられ、県代表の対抗戦で、競技としての相撲が浸透していった。昭和8年（1933）には全日本学生相撲連盟が組織され、大学、高校、中学、小学校に至るまで相撲部が設けられるようになり、中学校全国大会は、甲子園の中学野球（現在の高校野球の前身）と並んで、全国的な熱狂を呼んだ。ただ戦前には、相撲が学校教育の正課となることはなかった。

琉球唐手の本土紹介

1920年代には沖縄の琉球唐手が本土に紹介されている。唐手は14世紀に中国大陸の拳法が伝わり、琉球王国の禁武政策によって徒手拳法として展開していたらしい。禁じられていたため、資料はほとんどないが、18世紀後期には、首里、那覇、泊村の三つの地域で少し異なる技が稽古されていたようである。明治12年（1879）明治政府は琉球王国を消滅させて、日本国に編入し、沖縄県とした。中国の清は強く抗議したが、日清戦争後には沖縄県を認めたので、これ以後、沖縄でも徴兵制が敷かれた。日露戦争中、糸洲安恒は、県立師範学校で伝統的な唐手の形に新たな形も加えて指導した。号令に従って形を反復する稽古だったが、これが沖縄の師範学校や中学校で行われるようになった。

大正11年（1922）に東京で行われた文部省主催の体育展覧会で船越義珍《ぎちん》が沖縄の唐手を紹介した。嘉納治五郎は講道館でも演武するように勧め、これが新聞報道されて唐手が知られるようになった。船越は講道館と東京の沖縄出身者の寮で唐手を指導するようになり、学生が学ぶようになった。

船越は、唐手では上半身は裸か日常着だったが、柔道の道衣を着用し、段位制も取り入れた。教本も刊行したが、唐手の歴史と技の名称と稽古法を明確にしたので、後の教本のモデルになった。二年後から東京の四つの大学で研究会が立ち上がった。

同年には、別の系統の本部朝基《もとぶ》が、また少し遅れて摩文仁《まぶに》賢和が、さらに宮城長順が関西で唐手を教えるようになった。関西での大学生を中心に唐手は広がっていった。

本土に紹介されてから、二人で組んで稽古する約束組手と自由組手が生まれた。本土にあった二人で組んで行う形稽古を取り入れたのであり、決まった形の約束組手が出来たのである。また、学生たちは二人で対戦して、技が決まる寸前で止めるようにして自由に技を出すやり方を工夫した。ここから「寸止」の競技が展開するようになる。武道全般の競技化が進んでいた時代背景の中での工夫と言える。

さらに昭和4年（1929）には東京大学唐手研究会が沖縄に調査に行った上で、防具を着け、攻撃箇所を面、水月（みぞおち）、金的（股間）に限定し、そこを「突く、打つ、蹴る」かする試合形式を「東大式唐手拳法試合」として発表した。剣道が防具を使い、打突部位を限定して試合を行うのを取り入れているのである。こうして唐手は本土の武道のやり方を取り入れて、大きく変わっていった。

この昭和4年には、船越は、慶応義塾大学の学生の要望を容れて、名称を唐手に代えて「空手」を使うようにした。「徒手空拳」の言葉があり、かつ「色即是空、空即是色」という『般若心経』に基づいて、全ては「空」に由来するので「空」は武道の基礎だからと理由づけしている。「唐手」は中国拳法の由来を示す言葉であったが、ここに新たな名称としたのである。「空手」は他の派にも広がることになる。

さらに昭和8年（1933）に大日本武徳会は唐手術を柔術の部門として認める決定をした。そこで各派はそれぞれの技の内容、稽古法を申請書に明記して登録することになる。数年の内に、船越は「松濤館《しょうとうかん》」、摩文仁は「糸東《しとう》流」、大塚博記は「和道流」、宮城は「剛柔流」として登録した。大塚は船越に学んだが、それに柔術流派の第四世を継いでもいたので、柔術の体さばきも取り入れている。以上の四流派は、戦後、本土で空手道の四大流派として展開することになる。

(4)日本武道の精神性を強調する流れ

近代武道においては、1920年代に競技化の流れが非常に大きくなってきたのに対して、武道の精神性－人間教育面を強調する流れがあった。

柔道では、嘉納が原理として大正11年（1922）から「精力善用・自他共栄」を標榜し、攻撃防御を練習するだけでは下段であり、柔道の原理を生活の中に応用するのを中段、さらに己れの力を世の補益とするのを上段と教えた。

植芝盛平は、競技をしない「合気柔術」を京都府綾部の大本教本部で指導していたが、昭和２年（１９２７）に東京に出て、軍人などの後援を得て、本格的に普及を図ることになる（戦後、合気道と称する）。

剣道では一橋の東京商科大学の剣道師範、山田次朗吉は、武徳会に入らず、試合にも批判的で、学生に競技をさせず、直心影流の形を教えて、修心としての剣道を強調していた。山田が江戸時代の剣術伝書を編み、『日本剣道史』を著したのも、精神性を歴史で確かめようとしたからだと言える。山田は、直心影流の師・榊原鍵吉の死で剣術の伝統は途絶えたとしている。

弓道では、精神性を深めるために禅と関係づけて説く者が現れた。本多利実の門下の大平善蔵の大日本射覚院に続いて、同門の阿波研造が大正14年（１９２５）に「弓禅一味」を唱えて大射道教を設立し、弓界革新運動を展開した。

阿波は、第二高等学校・東北大学の弓道師範で、大正5年（１９１６）、武徳会演武大会で全射皆中で特選1等となってから、精神面を問題として参禅を始め、40歳頃に内面的な大転換を体験し、「弓道は禅なりと気づかざりし為、十年間無駄骨を折った」と述懐した。(2)

競技だけならば「弓遊病」だと批判し、弓道は「心と身との統一融合した」修養法だとした。大日本射道教を設立した翌年東北大学に哲学を教えに来たドイツ人のヘリゲルが入門した。ヘリゲルは後に『弓と禅』に、阿波の指導で弓道修行をして「無心」を体験する過程を著すことになる（第6章参照）。

戦争へ向かう時代の武道――昭和初期

(1)学校武道の拡大　弓道・薙刀

柔道・剣道以外に学校教育で実施されたのは、弓道と薙刀《なぎなた》であった。

学校弓道の展開

明治末期から大学間で競う弓道大会が行われ、大正13年（1924）から各種武道・スポーツの全国大会として始まった明治神宮大会にも弓道が採用されたので、一層盛んになった。昭和4年（1929）に高等学校の教材に弓道が採用された。昭和7年には武徳会で射礼を小笠原流で統一し、射法は「弓道要則」を発表した。これが今日の弓道の指導の基となる。昭和11年（1936）には中学校でも弓道が正課採用となった。

学校薙刀の展開

薙刀は、江戸時代から武家の婦女子の武芸としても展開していたが、日清戦争前後から婦徳涵養と女子体育という立場から再認識されるようになった。一刀流の小沢卯之助は明治29年（1896）から薙刀を使って集団で行う「武術体操法」を工夫していたが、明治41年（1908）『改正薙刀体操法』を出版、本格的な普及を図った。

大正2年（1913）「学校体操教授要目」に課外で行う運動に「薙刀（女子）」が示されてからは、天道流の美田村千代、直心影流の園部秀雄ら女性指導者の下、女子師範学校や高等女学校などで薙刀が行われるようになった。昭和9年（1934）京都の大日本武徳会に、2年後には東京の修徳館に薙刀専修の教員養成所が設けられ、昭和11年（1936）に女子師範学校・高等女学校で、弓道とともに薙刀の正課採用が認められてから急速に普及した。昭和15年（1940）武徳会は「薙刀道基本動作」を決め、翌16年から女子中等学校ならびに国民学校体錬科で必修科目として実施されるようになる。

⑵戦時下の武道

昭和4年（1929）の世界恐慌から日本でも深刻な昭和恐慌となった。世界恐慌が深刻化する中で、植民地を持てるイギリス・フランスは経済ブロックを形成し、アメリカは中・西部の開発などに向かったが、日本は中国東北部への侵略を強めた。昭和6年の満州事変後、満州国が建国されたが、国際連盟のリットン調査団は日本の侵略行為を認定した報告をしたので、日本は国際連盟を脱退することになる。国内でも5・15事件と軍部による政府要人の襲撃が起こり、昭和12年（1937）から日中戦争に突入することになる。この年から政府は国民精神総動員運動を展開し、大正から昭和初めにあった自由主義的な世相から全体主義的な厳しい様相へと変わっていった。

1938年には、嘉納治五郎の人生最後の奔走によりIOC総会で招致が決定していた2年後のオリンピック東京大会も返上することになった。

欧米のスポーツには、自由主義、個人主義に依拠した享楽思想が浸透しているのに抗して、それを放逐して「武道を行ずる態度で行うべきである」（大谷武一）とか、「修養の野球」をすべきで、チームのために「粉骨砕身」しなければならぬ（飛田穂洲《とびたすいしゅう》）などの言説が主張されていた。

昭和16年「国民学校令」が公布され、体操科は体錬科になり、武道が必修になった。昭和16年12月からはアジア・太平洋戦争に突入することになる。アメリカをはじめ、連合国軍とアジア各地で戦うことになる。

昭和17年には大日本武徳会が、政府の外郭団体に改組された。会長は、内閣総理大臣の東条英機となり、5つの省の大臣が副会長になった。47年前に民間で設立された武徳会は、厚生省に本部を移され、京都は出張所となった。軍の意向はますます強くなり、銃剣道、射撃道を加えて戦時色を強めた。

この時代、吉川英治の『小説　宮本武蔵』（1935～39）が新聞に連載された。フィクションであったが、青年期の武蔵の人間的成長に焦点を当てた小説で人気があった。また講道館の西郷四郎をモデルとした冨田常次郎の小説『姿三四郎』（1942）も刊行された。この2つの小説は、それぞれ映画化もされて、精神主義的な武道観を形成するのに影響があった。これらの作品は、戦中から戦後の武道の復興から普及期に影響を及ぼすことになる。

第5章

現代武道の展開

敗戦後、占領軍は軍国主義に加担したとして武道を禁止した。武徳会は解散させられ、学校では授業も部活動も禁止され、剣道は社会体育としても厳禁された。そこで武道は伝統や精神性には触れずに、スポーツ化して復活を図ることになる。弓道と柔道は5年後には解禁されたが、剣道はスポーツ化した「しない競技」として7年後に許可を得たが、日本が独立を回復した後、剣道として復活した。

昭和30年代には高度経済成長が展開して、日本は農村社会から産業社会へ転換した。都市近郊の団地の核家族のサラリーマン家庭が増えて伝統の断絶が見られる。昭和39年の東京オリンピックを機に建設された日本武道館は武道の統括団体として機能する。柔道はオリンピック種目となって、世界中に一層広まるようになる。スポーツブームが起こり、年少者や女性の武道人口が増えたが、学校では部活動中心で勝利至上主義が強くなるのを憂えて、剣道の理念が掲げられた。

1970年代後半から日本企業の海外進出につれ、武道も海外へ広まり、各武道の国際連盟も出来た。柔道は国際柔道連盟による改革で大きく変容している。1990年代から、国内では武道人口が減少する一方、外国人の武道家は増えている。21世紀は、世界的視野に立って武道の将来を考えるべき時である。

＊　＊　＊

武道のあゆみ — その3

時代		西暦	日本社会の動き	武道の歴史
昭和（占領期）	昭和20	1945	敗戦。占領軍。戦後改革	武道禁止令、武道授業を中止
	21		日本国憲法公布。男女同権	大日本武徳会を解散・財産没収
	22		東西冷戦激化、占領策転換	（昭23）財団法人合気会発足
	24		大企業中心の経済再建策	全日本柔道連盟、全日本弓道連盟設立
	25〜28	1950	朝鮮戦争始まる（特需景気）	（昭25）全日本しない競技連盟設立
	26	1951	サンフランシスコ平和条約	国際柔道連盟発足（日本翌年加盟）
（復興期）	27		日本独立回復	独立後、全日本剣道連盟設立
	28		テレビ放送開始。奄美返還	学校剣道復活
	30		保守合同、自民党政権	全日本薙刀連盟設立
	31		日ソ国交。国際連合に加盟	全日本少林寺拳法連盟設立
	34		皇太子結婚式	（昭33）学習指導要領「格技」設定
（高度経済成長期）	35		安保闘争。所得倍増計画。高度経済成長で社会大変革	（昭37）日本武道館、財団法人認可
	39		東京オリンピック。スポーツブーム（年少者・女性も）	日本武道館建設。柔道、3階級で金、無差別銀。全日本空手道連盟設立
	43		明治100年。GNP世界２位	東京教育大学に武道学科新設
	43〜		全国で大学紛争	日本武道学会設立
	45	1970	大阪万国博覧会	国際剣道連盟、世界空手道連合設立
	47		沖縄返還、日中国交回復	
（国際化期）	48	1973	石油ショック（狂乱物価）	（昭50）全剣連「剣道の理念」制定
	51		ロッキード事件、政界激震	（昭52）日本武道協議会発足
	54		第2石油危機“Japan as No1”	（昭53）古武道大会開催
	55〜	1980	貿易黒字増で貿易摩擦激化	（昭54）古武道協会発足
	61〜		バブル経済（地価・株価）	（昭59）国際武道大学開学
	62		国鉄JR、6社に分割民営化	『武道憲章』制定
平成	1	1989	平成時代へ。東西冷戦終結	学習指導要領、格技から「武道」へ
	2	1990	バブル崩壊不況。湾岸戦争	国際なぎなた連盟設立
	5		連立政権誕生。サッカーJリーグ。携帯電話急速普及	（平4）国際相撲連盟設立 （平5）世界空手道連盟に名称変更
	7	1995	阪神・淡路大震災、サリン	武道学会、武道人口減少問題
（21世紀へ）	13	2001	9･11同時多発テロ	柔道ルネサンス運動
	17		インターネット爆発的普及	（平18）国際弓道連盟設立
	23	2011	3・11東日本大震災	スポーツ基本法成立
	24		自民党政権復帰。安倍内閣	中学校武道必修化実施
令和		2020		東京オリンピック開催予定

戦後の武道

(1)武道禁止令からの復活

1945年8月の敗戦後、アメリカ軍を中心とする連合軍が進駐し、日本政府は連合軍総司令部(GHQ)の指令下に置かれた。連合軍は、日本の1.非軍事化、2.民主化を掲げて戦後改革を進めた。軍隊を解体し、戦犯を逮捕、軍国主義者の排除の名の下、公職追放が行われた。

明治維新によって近代化がなされたが、それは不十分で歪んだものであって戦争をもたらしたとして、近代日本が全否定された。それだけでなく、日本の伝統全体が切り捨てられ批判される傾向が続いた。独自の文化に目を向けず、伝統的権威は否定され、教師や親、大人の権威は失われた。戦後改革が様々な方面で断行されるが、武道は、伝統的な性格を持つだけに、否定される傾向が顕著に見られた。

民間の武器の没収

敗戦後、真っ先に武器の接収が行われた。9月2日、占領軍の一般命令第1号で民間の武装解除が指示された。日本刀を含む一切の武器を「軍国主義の表象」として破棄することを求めた。日本政府は、日本刀は「日本人の魂」であり、民間の「家宝」だと主張したが、占領軍は認めなかった。ただ「美術的価値のある刀剣」と有害な鳥獣駆除などに必要な猟銃は除外することは認められた。各府県の軍政チームの下で、武器回収は各府県に5〜6回にわたったという。1946年3月末までに、上の表のものが没収された[1]。

日本刀と軍刀を合わせると100万振以上になるが、軍の武装解除分も含めると、刀剣300万振以上、小銃165万挺以上が没収されたという。小銃・刀剣類のかなりの数は、米軍兵士が戦利品・記念品として米国へ持ち帰ったという（アメリカには幕末以来購入されたものも合わせて、現在100万振の刀があると言われる）。

民間から回収された武器は各警察署に山積され、それぞれの軍司令部へ引き渡された。鉄として鋳直されたものもあったが、多くは海中投棄された。

回収された武器

拳　銃	11,916	軍　刀	139,160
小　銃	395,891	日本刀	897,786
猟　銃	384,212	槍　類	144,407

（藤本久志『刀狩り』より）

敗戦直後で進駐軍への恐怖感から、家伝来の由緒ある刀剣類も含めて多くの刀や槍を提出する家が多かったという。摘発をおそれて、刀を油紙に包んで地中に埋めて腐らせてしまったこともあったという。

アメリカの憲法は「規律ある民兵は、自由な国家の安全によって必要であるから、人民が武器を保蔵し、また携行する権利は、これを侵してはならない」(修正第二条)と謳っている。民間人が自由に銃を所持するため銃による殺人が年3万人を下ることがない(8年半のベトナム戦争のアメリカ軍の戦死者数を2年で上回る数である)。日本は、敗戦によって徹底的に武装解除された。人々の中に、戦争はこりごりという思いがあり、戦時中の軍国化への嫌悪も働いたと思われるが、かつて独立不羈の象徴ともされた刀を強制的に手放さざるを得なかったのである。

ただし刀の優品は美術品として残され、鑑札制度で管理されることになった。美術品としての刀の需要は、戦後も衰えず、現代刀も数多く作られている。現在は銃刀法で管理されるが、都道府県に登録された刀は、231万2000振ほどになるという(1999年文化庁調査)。

武道禁止令

敗戦後GHQは、戦時中に軍国主義を助長したとして、武道を禁止する方針を示した[2]。文部省はGHQの民間情報教育局（CIE：Civil Information and Education Section）と何度も折衝したが、昭和20年（1945）11月の文部次官通達によって、体錬科武道（剣道・柔道・薙刀）の授業を中止し、課外活動も禁止した。翌月の通牒で学校と附属施設では非公式でも学生・一般人も問わず一切禁止とした。翌21年8月には社会体育の実施に関する体育局長通牒で、剣道に関しては、公私の一切の組織的活動を禁止し、「剣道」、「武道」という語の使用も禁じた。

GHQの民間諜報局（CIS）は、大日本武徳会に関して、支部調査・情報誌収集・面接調査・関係者の手紙検閲によって、公職追放のC項の「極端なる国家主義的・軍国主義的団体」に該当すると結論づけた報告を作成した。これは戦時中の政府の外郭団体になってからの武徳会の活動にのみ依拠した結論であった。武徳会は、民間で設立されて以来47年の歴史があったことも、武道の本質なども考慮しないものであった。当時日本人協力者の民間検閲支隊（CCD）では、伝統文化に繋がるものはすべて「超国家主義」「軍国主義」の名のもとに否定していたこともあった。昭和21年9月、大日本武徳会は自主解散することにし、ＣＩＥもそれを認める方針だったが、それまでの事情を知らず、急進的に民主化を進める方針の民政局（ＧＳ）によって、ＧＨＱの指令による解散とされ、資産は没収され、翌年関係者１３００名余りは公職追放となった。

昭和22年1月、文部省は武道に関する教員免許状の無効を発表した。これによって退職せざるを得ない教員が多かった。大日本武徳会武道専門学校は校地を接収され、財産も全部没収され、廃校となった。

ただ講道館はそのまま存続が許され、連合軍の将校が通って柔道をすることもあった。戦前には武徳会も段位を出していたが、武徳会が完全に潰されたので、柔道に関しては講道館が唯一の段位を認定する団体となった。武徳会出身の武道教師は職を失った。講道館も嘉納治五郎亡き後、継いだ二代目館長の南郷次郎は軍関係者だったので辞任し、嘉納の次男の履正が三代目館長となったが、彼は柔道をした経験がなかった。家元制のごとき館長の襲名には、特に武徳会出身の柔道家から批判が強かった。

日本で武道は禁止されたが、欧州では柔道は展開し、１９４８年にヨーロッパで柔道連盟が結成されていた。１９４８年には戦時中もパリで柔道教室を開いていた川石造酒之助が教え子が在籍するフランス柔道連盟から招聘を受けて、パリに戻っている。また武徳会出身の道上伯もフランスに招聘された。彼は後にオランダでヘーシンクを育てることになる。

剣道関係者は、社会体育も含めて全面禁止されたので、非常に厳しい時代を過ごした。

武道禁止からの復活

空手道や相撲は戦前に武道として振興されたわけではなかったので、すでに昭和21年から解禁されていた。昭和21年から国民体育大会（国体）が開催されて、スポーツ競技が復活していた。

武道禁止に対して、学生や民間からの復活要求の声は多かった。文部省もそれを受け、GHQとの折衝に当たったが、GHQの上の機関である極東委員会（11カ国）の禁止指令が「軍事教育の科目及び体錬は凡て廃止」だったので、変更は容易ではなかった。

GHQのCIEが武道の評価委員会を設置したのは昭和25年（1950）であった。柔道は民主的スポーツに蘇ったとして、同年10月に学校教育に復活することを許可した。翌年7月に弓道も学校教育に復活した。

けれども剣道に対してはGHQの態度は厳しかった。そこで剣道をスポーツ化した「しない競技」が考案された。従来の4割の竹刀に替えて竹を割った上に袋をした「しない」とし、稽古着・袴に替えてシャツとズボンとし、試合も時間制でポイント制として、スポーツ化を印象づけるようにした。剣道関係者には不満も大きかったが、復活させるための苦肉の策であった。昭和27年（1952）にようやくしない競技として学校教育でも行ってもよいとする許可を得た。しかしこの年4月にサンフランシスコ平和条約が発効して日本が独立を回復するや、本来の剣道を復活させようという気運が急速に高まり、同年10月に全日本剣道連盟が結成された。翌年には「体育・スポーツとしての剣道」を掲げて、ようやく一般の社会体育、次いで学校教育でも復活を果たすことが出来た。昭和29年にはしない競技連盟とも協議して統合することになり、今日の全日本剣道連盟となった。翌年には剣道連盟は体育協会への参加が認められ、第10回国民体育大会から参加することになった。こうして剣道は敗戦から10年の苦節の末、ようやく復活がかなったのである。

武道禁止令の影響

武道の禁止時代は占領期の7年弱であったが、武道関係者にとっては大きな衝撃であった。職を失った者が多くおり、厳しい禁止措置の中で、武道の歴史と精神性には触れないようにして、ひたすら復活を目指して、いかにスポーツ化し競技化するかが意識された。多くの若者が戦争から帰って来なかった。剣道の稽古が禁止された空白が大きかった上、また従来の指導は封建的遺制との批判もあって指導法も変わらざるを得なかった。この時期、日本体育協会に加盟して国体に参加することが最優先の課題となり、そのため競技化が著しく進んだ。歴史や精神性を言えなくなった分、競技に集中して、「勝利至上主義」を招くようにもなった。

先に述べた学校体育への復活は、あくまで課外活動であった。正科の体育の中で武道が復活するのは昭和33年（１９５８）であるが、「格技」という名称で、男子は「すもう」、「柔道」、「剣道」のいずれかを行うことになった。当時指導要領の改訂に関わった今村嘉雄によれば、「格技」は、英語のcombative sportsの訳語であるが、格闘技としたら摑み合う技術で、剣道や薙刀、弓道は含まれないが、「格」には「あたる」「まと」などの意味もあるので、これらも含む余地もあるとして苦心の末に作られた用語であった。占領時代に禁止用語だった「武道」を避けるための苦心であったといえる。この「格技」が「武道」に改まるのは平成元年（１９８９）になってからである。

(2)戦後復興の中での武道の展開

敗戦は第二の開国と呼ばれ、日本社会が大きく変貌した。占領軍の主導による戦後改革が行われた。近代日本の軍国主義の否定であったが、伝統一般の否定の傾向が強かった。武道禁止令にもそれが顕れていた。アメリカの文化がどっと流入し、国際主義がよいとされた。戦後間もなくは、空襲で廃墟になった都市部も多く、復員兵や外地引揚者が大量に戻ってきて、食糧難で大変であった。

主権在民、基本的人権の尊重、平和主義を基本理念とする日本国憲法が昭和21年（1946）に公布された。男女平等となった。農地改革によって地主制が解体され、小規模自作農が創出された。財閥が解体され、労働者の団結権が保障された。教育の民主化により、教育基本法によって個人の人格形成が目標とされた。これらが戦後日本の大前提となる。

欧州でもアジアでも東西冷戦が厳しくなる中、アメリカは昭和23年（1948）から対日政策を日本経済の自立を図り、日本を共産主義に対する防壁とする方針に転換した。昭和25年（1950）6月朝鮮半島で北朝鮮が韓国に攻め込んで朝鮮戦争が起こると、その特需景気により日本経済は急速に復興していく。翌年6月に西側諸国48カ国とサンフランシスコ平和条約を結ぶとともに、日米安保条約を締結した。この講和条約発効によって、昭和27年4月に日本は主権を回復することになる。ただし沖縄を中心とする琉球列島は米軍施政下におかれたままとなった（奄美は翌年、沖縄は1973年に復帰する）。サンフランシスコ平和条約には、ソ連をはじめとする東側陣営は署名せず、中国は会議に招かれず、その後の課題となった。5年後、ソ連と日ソ共同宣言に調印し、日本は国際連合に参加することになった。

昭和25年から柔道や弓道が復活し、2年後の独立後に剣道も復活した。戦後の武道が現在の形で展開するようになるのは、昭和30年（1955）前後からとなった。

戦後に展開した武道　合気道・少林寺拳法

合気道は、すでに大正末期から植芝盛平が、大東流合気柔術を母体とし、神道思想の影響を受けて「合気とは愛なり」などを掲げて、大正11年（1922）に「合気武術」と称して、独自の形態を取っていた。昭和2年に東京に出て、皇族や軍人、警察官など限られた人たちを指導していた。昭和17年（1942）には武徳会にも登録されて「合気道」を名乗ったが、まだ一般に公開してはいなかった。

戦後の昭和22年に財団法人合気会が発足、昭和30年（1955）から一般公開演武を行って以降、急速に広まっていった。合気道は、競技を否定し、専ら形による指導をしている。そのため、高齢者や女性などにも愛好家を増やした。（講道館柔道出身の富木謙治は、乱取り法が必要だとして競技法を取り入れた日本合気道協会を組織している）

少林寺拳法は、戦時中に中国に特務員として派遣されていた間に中国拳法の伝授を受けた宗道臣が、戦後昭和21年に帰国した後、暴力が横行し道義が廃れた社会を見て、中国拳法に創意工夫を加えて創始したものである。宗は、少林寺を訪れて僧たちが拳法を修練する図にヒントを得たといい、「拳禅一如」「自他共楽」を掲げて、技を教えながら人としての道を説いた。中国拳法を基とするので、蹴り技もあるが、「組手主体」として二人での形稽古を重視するのは日本武道化している。昭和26年宗教法人として出発し、出身地の四国から関西圏へと展開した。昭和32年（1957）、武道団体として全日本少林寺拳法連盟が設立された。

なぎなたと銃剣道

薙刀は、戦前に女子教育で展開していたが、天道流と直心影流の流派の調整が難しく、戦後は「スポーツ薙刀」として競技の面を中心として展開した。昭和30年（1955）に全日本薙刀連盟が結成されたが、「薙刀」の字は軍事的な意味があるとの文部省の指導によって、3年後から平仮名の「なぎなた」とした。翌34年から中学校以上のクラブ活動で認められた。同41年には高校の正課として認められる。

銃剣道も、昭和31年に全日本銃剣道連盟を結成し、戦前の戦技の要素を払拭して「武道として国民スポーツとして」の普及を図っている。

昭和31年（1956）には、全日本剣道連盟に居合道と杖道も入ることになった。それぞれいくつかの古流が並存していたが、剣道連盟に入ることによって、連盟から段位を受けることになった。昭和41年に、居合道は制定形七本を、同43年には杖道の十二本の制定形を決めている。（居合道の制定形は、その後、昭和55年〔1980〕に三本、平成12年〔2000〕にさらに二本追加されている）

(3)欧米における武道の展開

日本でも戦後武道が展開し始めた1950年代後半、欧米では日本とは異なる武道の新しい流れが展開していた。

フランスにおける柔道の発展

1951年にはヨーロッパを中心に国際柔道連盟が発足していた。1948年にフランスに招聘された川石造酒之助は、精力的に活動して、入門者は子供から女性、青年、壮年、老年まで激増した。一九五一年フランス語の『川石方式』を出版するや、英語やスペイン語に直ちに翻訳されて広がった。これは1935年以来の指導で開発した「メトード・カワイシ（川石方式）」である。川石は、外国人には日本語の技の名前を覚えることは難しいので、「足技1号、2号……　腰技1号、2号……」と部位ごとに番号を付けて、講道館柔道の技を独自に体系化した。そして初段までを6階級に分け、各階級で習得する技を明示し、初級から初段まで、白・黄・オレンジ・緑・青・茶・黒の7色の帯で明確に示した。初段以上になって締められる黒帯は、大きな憧れとなった。道場の入退場では礼をし、教師や先輩への敬意を持って丁寧に応対することを求めた。新渡戸の『武士道』に由来する「信義、尊敬、規律、勇気」など9つの徳目を柔道モラルとして掲げ、有段者には「柔道家精神」の修養を求めた。

川石は、柔道クラブに人を集め月謝を取って経営することに巧みであった。フランスの柔道クラブでは、川石方式に従って段位以前の各階級の技を丁寧に教え、礼儀やモラルを掲げて「教育的スポーツ」として年少者を集めて経営が成り立つようになっている。同様の年少者の初心者指導はドイツでも行われている。フランスは年少者の柔道が盛んであり、柔道連盟への登録人口は日本の3倍にもなっている（日本においては講道館柔道の段位取得者はこれとは別である）。

川石方式は講道館とはやり方が異なるので、講道館は間違ったやり方として批判的で全く触れない。そのため日本ではほとんど知られていないが、柔道を外国に根付かせた川石の功績は認めるべきであろう。（フランス柔道連盟は、1969年の川石の死に際して、十段を追贈した。また2020年の東京オリンピックで、フランスナショナルチームは、大会前の合宿を川石の出身地の兵庫県姫路市で行う予定としている）

アメリカにおける『弓と禅』の流行

1953年にはアメリカで、ヘリゲルの『弓と禅』の英訳が出されて、大いに流行した。実はこの書は、ヘリゲルが1948年にドイツ語で書いていた。彼は、新カント派の哲学者であったが、日本の禅に関心を持ち、1924年から29年まで東北大学で哲学の教授をしている間、「弓禅一味」を標榜して東北大学で学生の指導をしていた阿波研造について弓道を習った。阿波の指導の意味が分からず、様々な困難があったが、ついに「無心」の射を経験して、初めて禅の何たるかが分かるようになった。その自らの体験を冷静に分析して、来日中に妻が学んでいた華道や墨絵などの稽古法と比較し、また鈴木大拙の『禅と日本文化』も引用しながら、禅の境地を望見し、一種の日本文化論として書いたものである。

折しも鈴木大拙は『禅と日本文化』について、1949年から欧米で精力的に講義や講演をしていた。そしてアメリカの現状に強い不満をいだくビートゼネレーションの若者に、禅は大きな人気を呼んでいた。大拙は、ヘリゲルの『弓と禅』の英訳の序文も書いているので、その内容を保証する書としても受け取られて、よく読まれた（アップルの創業者スティーヴ・ジョブズの愛読書でもあった）。原書の書名は、厳密には『弓道における禅』

である。この書の成功以後、アメリカでは『禅と○○』や『△△における禅』という書名の書籍が大量に出版されることになる。本書の内容は、第6章で問題にするが、阿波が競技化を進める弓道界に対して、精神性を強調する流れであっただけに、この書も戦後日本ではあまり言われなくなった武道の精神性に注目させるものと言えるであろう。なお日本語訳は、1955年に東北大学で、ヘリゲルの教え子だった稲富栄次郎氏と上田武氏による翻訳が出ている。

現代社会での武道の発展

日本の社会は1950年代前半には戦後復興をほぼ終えた。1960年代の10年間は、産業も農業から工業中心へと大きく転換し、農村から都会へと大量の人々が流れ、社会の様相も大きく変貌した。戦後の日本社会は、信念体系では近代主義、国際主義を標榜しながら、そのエネルギーを経済復興、経済発展へと向けていく。精神性は問題にせず、実利的な合理主義を追求していった。

年に10％以上の高度経済成長を遂げ、所得もほぼ倍増して生活が豊かになり、余暇を楽しむ余裕も増えた。国民体育大会（国体）は、昭和21年以来日本体育協会主催で開かれていたが、昭和36年（１９６１）のスポーツ振興法によって、文部省も共催し、各都道府県で開催されるようになり盛んになった。こうした時代の変化の中で、戦後の武道も発展していった。昭和39年の東京オリンピック大会は、日本のスポーツ界のみならず、武道界にとっても時代を画する事件となった。

(1) １９６４年東京オリンピック大会

元来、東京オリンピック大会は、嘉納治五郎がその誘致に生涯最後の情熱を傾け、昭和15年（１９４０）に開かれる予定であったが、戦争のために返上した経緯があった。

昭和39年（１９６４）の東京オリンピック大会では、柔道が正式種目になり、その会場として皇居北の丸に日本武道館が建設された。柔道は、階級制で試合が行われ、軽量級・中量級・重量級では日本人選手が優勝したが、最後の無差別級ではオランダのヘーシンク選手が優勝した。彼は、武徳会出身で戦後職を失って、海外に指導に出た道上伯が育てた選手だった。無差別級での外国人選手の優勝は日本社会に大きなショックを与えたが、柔道が世界に広まる大きな契機にもなった。

またこの時、剣道、弓道、相撲がデモンストレーションを行い、それぞれに国際化へのステップとなった。また流派ごとに異なり対立していた空手道も、この年大同して全日本空手道連盟を結成した。

東京オリンピック後、全国的にスポーツ熱が高まった。昭和43年（１９６８）は明治百年であり、経済成長により自信を取り戻した日本ではナショナリズムの高まりもあって、武道は、年少者や女性にも広がって非常に盛んになった。

(2)日本武道館を中心とする展開

日本武道館は、武道の大会の会場となる他、当時は最大規模の屋内施設であったので、音楽などのコンサート会場としても有名になった。日本武道館は、武道の統一団体としての活動を始め、戦後の武道の展開に大きな役割を果たすことになる。昭和41年（１９６６）武道の指導者養成を主な目的とした武道学園を開校、同43年武道団体の広報活動として雑誌『武道』を刊行、昭和46年千葉県勝浦市に日本武道館研修センターを建設した。それ以外に武道館は、後述する日本武道学会、日本武道協議会、日本古武道協会、全国都道府県武道館協議会、国際武道大学などの団体が生まれる母体となった。

昭和40年（1965）から43年にかけ日本体育大学、東京教育大学、中京大学、東海大学の体育学部に武道学科が成立した。昭和41年（1966）には、江戸時代の流派武術の伝書を集めた『日本武道全集』（全7巻）が刊行されている。昭和43年（1968）には、日本武道学会が設立され、武道の学術的な研究が行われるようになった。ようやく武道の歴史やその精神についての研究も行われるようになった。

昭和45年には、学校体育の「格技系の種目」の中で、これまでの「すもう」、「柔道」、「剣道」に加え、「弓道」、「なぎなた」も教えてもよいとされた。

武道が盛んになる一方で、競技化・スポーツ化が進んでいたので、それを憂えて、剣道連盟は、現代に即した理念の確立を目指して昭和50年（1975）に「剣の理法の修練による人間形成の道である」とする「剣道の理念」を制定した。

この時期、剣道関係者から「武道はスポーツか」という問題提起はあったが、「剣道の理念」の内容をより立ち入って問題にし、剣道の歴史に基づきその技と精神性を解明する研究は十分ではなかったと言わざるを得ない。

日本武道協議会と日本古武道振興会と各地の武道館

昭和52年（1977）、柔道・剣道・弓道・相撲・空手道・合気道・少林寺拳法・なぎなた・銃剣道の9種目の連盟と日本武道館の10団体で構成された日本武道協議会が発足した。ただ歴史も内容も異なるこれらの連盟が加盟することに関して、大前提となる「武道」の概念について十分に検討されたわけではなかった。

昭和53年（1978）には日本武道館の主催で古武道大会が開かれた。46流派が出場して大盛況で、翌年には、日本古武道振興会が設立された。これ以後、この主催で古武道大会は毎年開催されている。

また昭和40年代終わり頃から全国各地に県立や市町村立の公立武道館が数多く建設されるようになっていたが、昭和54年、646の県立、市町村立武道館が集まり、全国公立武道館協議会を設立したが、2年後、武道館は33都道府県に出来、市町村立は1000を越えたので改組して全国都道府県立武道館協議会が発足した。

(3)武道の国際化へ

海外への展開に関しては、剣道は伝統的な形を色濃く残すので、日系社会と植民地だった台湾・朝鮮半島には戦前から伝播していたが、それ以外の地域には防具や竹刀の問題があった。戦前にアメリカに渡って剣道を広めた森寅男が中心となって、オリンピックを機に剣道の世界大会が開かれた。１９７０年には、全日本剣道連盟の後援で17カ国で国際剣道連盟が発足した。

また空手道もヨーロッパ、アメリカを中心に様々な流派が広がっていたが、同じく１９７０年に全日本空手道連盟の後援によって、世界空手連合（ＷＵＫＯ）が誕生した。国際化の流れは必至であるが、国際化をいかに進めていくべきかの方針が十分に考慮されていたわけでもなかった。

国際柔道連盟による柔道の変容

東京オリンピック後、柔道は海外で急速に普及したが、１９６８年のメキシコ五輪では競技種目から外された。それをなすすべもなく黙認したとして、講道館長・嘉納履正は、65年の国際柔道連盟の会長選で敗れて、英国人パーマーが会長になり、以後積極的に国際オリンピック連盟に対してロビー活動を開始して、72年のミュンヘン五輪で復活することになった。

この間に、競技種目として展開するために、従来の階級を細分化し、74年には技の判定に、「有効」、「効果」のポイントを加え、さらに選手が積極的に攻めない時には「指導」のポイントも設けて、勝敗が明確になるようにした。日本は反対したが、国際柔道連盟の総会において多数決で決定された。これで柔道の技が大きく変わることになる。ポイントを競って各国のスタイルで戦うようになった。

武道の国際化の進展

『五輪書』の英訳（1974）が、ビジネス書としても売られ、10万部を超えるベストセラーになった（現在では、英訳10種類以上）。こうした中で武道の国際化が急速に進められた。

1974年に少林寺拳法世界連合、76年に国際合気道連盟が成立している。70年代後半から、武道の国際化が本格化したと言える。

1978年には訪欧武道団が、ドイツ・フランス・オーストリアを訪問し、演武と指導を行った。以後、それぞれの連盟で指導者を派遣している。

1980年代は、日本のGNPが世界第2位となり、日本企業の海外進出も盛んで、輸出も順調で、〝Japan as No.1〟（1979）というベストセラーまで出て、日本の国際化が進んだ時期であった。流派の伝統を残す古武道の演武会も1982年にはパリで行われた。

国際武道大学

1978年の訪欧武道団長で、日本武道館会長であった松前重義は、各国指導者と会う中で国際的にも通用する武道の指導者を養成する大学の構想を口にした。日本武道館が後援して、「武道学の確立」と「国際的人材の養成」を謳って昭和59年（1984）、国際武道大学が千葉県勝浦市に開学した。2年後には隣接地に日本武道館の武道科学研究センターがオープンした。これは、人文系と自然科学系の武道学の確立に向けて、国際武道大学の教員を中心としながら、全国の武道の研究者が利用できる施設たるように、当時の最先端の機器を揃えたものであった（平成8年〔1996〕に国際武道大学に移管・委譲された）。４年後からは、在日の外国人武道家を対象として国際武道文化セミナーが毎年、開催されるようになった。

『武道憲章』

昭和62年（１９８７）には日本武道協議会が『武道憲章』を発表した。武道は、ここにようやく一つの統一的な見解を持ち、発信するようになったのである。

グローバル時代へ

翌１９８９年は昭和が平成に改まった年であるが、この平成元年には、戦後の学校体育の中で昭和33年（１９５８）以来の「格技」という名称が、「武道」という本来の名称になった。

こうして１９８０年代の武道は展開していたが、武道人口は、１９８５年をピークとして下降線を辿るようになり、少子化の影響もあって、その傾向は現在も続いている。

21世紀の武道――武道の将来

１９８９年にはドイツのベルリンの壁が崩壊し、米ソの首脳会談で「冷戦の終結」が宣せられた。翌年には東西ドイツの統一、その翌年にはソビエト連邦が解体され、グローバル時代になる。これ以降、航空機で世界をかなり自由に行き来できるようになった。

21世紀を向かえると、武道をめぐる状況も大きく変わってきている。戦前の武道を知る世代がほぼいなくなり、戦後復活して以後に武道を始めた世代になり、雰囲気がかなり変わった。古武道も継承者の代替わりが進んだ。国際化はさらに進展し、外国人武道家はもはや珍しくはなくなり、中には古武道の宗家を継ごうという者まで出始めている。武道の各種目では、各国の連盟からそれぞれ段位が発行されるのが普通になっている。インターネットの普及により、世界中の情報が容易に手に入るようになり、また発信できるようになっている。２００３年には武道研究の国際シンポジウムも開かれた(3)。

２０００年のシドニーオリンピック大会では、篠原・ドイエ戦の判定をめぐって、返し技と認めるべきであるとする全日本柔道連盟が国際柔道連盟へ抗議文を送付した。武道の審判のあり方が今後緊要な問題になると思われる。

(1)武道の国際組織

２００６年には、日本の伝統的な要素が非常に強い弓道にも国際連盟が成立している。武道の国際組織の設立時の参加国数と現在（２０１８から１９年現在）の参加国数は表の通りである。

各武道の歴史と特性によって国際的な広がりも、また国際化に関する取り組みも様々である。

柔道は最も国際化し、国連加盟国より多い２０５カ国を超え、オリンピック種目であるので、競技化と商業化も進んだが、それとともに武道

武道の国際組織一覧

国際組織の名称	結成年	発足時の加盟国数	現在の加盟国数（2018-19年）
国際柔道連盟	1951	11カ国	205カ国地域
国際剣道連盟	1970	17カ国地域	59カ国地域
世界空手連盟	1970	33カ国	199カ国地域
少林寺拳法世界連合	1974	15カ国	39カ国
国際合気道連盟	1976	29カ国	56カ国地域
国際なぎなた連盟	1990	7カ国	14カ国
国際相撲連盟	1992	25カ国	84カ国地域
国際弓道連盟	2006	17カ国	28カ国

（各連盟HPより）

としての特性が失われたとみる声もある。今や柔道というより、ＪＵＤＯの時代であるとも言われている。

剣道は、オリンピック種目に入ると独特のよさが失われるとして否定的であるが、空手道や相撲のようにはっきりとオリンピック種目入りを目指しているものもある。

競技レベルでも、日本の主導権は揺らいでいる。２００６年には、世界剣道選手権の団体戦で日本が準決勝でアメリカに敗れた。

連盟の組織においては、２００７年には国際柔道連盟の理事選挙に敗れ、正式理事に日本人理事は会長推薦の１人だけになる（現在は2人）など、いよいよ日本の固有の武道ではなくなり、世界の武道へと移り行く先を示している。国際柔道連盟は、その後もルール改正によって日本の伝統的な技も禁止するようになっているのは、第1章に見た通りである。

⑵学校における武道

中学校体育における武道の必修化

第2章でも触れたように、２０１２年から学習指導要領の改訂により、中学校において教科保健体育で、8領域の1つとして武道も必修化された。男女とも必修であること、しかも地域・学校の特性に応じて武道9種目の実施も可能になった点が画期的である。ただし、全くの初心者に年間13時間程度の授業を、安全にどのように指導するかは重要な問題である。この実施に向けて、日本武道館が中心となって各武道連盟がそれぞれに「指導書」とDVDを作成し、配布した。各武道連盟が初心者指導に真剣に取り組んだこと自体大いに意味のあることである。教員に向けた講習会も開かれている。各武道の魅力が、改めて注目され、教員にも武道への関心を喚起することが望まれる。学習指導要領では「武道の特性や成り立ち、伝統的な考え方、技の名称や行い方」などの指導が求められているが、専門的に行ったことがない体育教員が行うのは並大抵のことではなく、むしろ指導法研究事業を実施している講師側が改めてよく考えるべきことであろう。武道の実技指導だけでなく、その歴史や文化性についても講じ話し合われれば有意義であろう。

高等学校では、武道かダンスの選択となっているが、武道の指導が高等学校にもつなげて深められることが望まれる。

高校生の武道人口の減少

武道の現状を見ると、青少年の武道人口の減少が大きな問題である。全国高等学校体育連盟発表の部活動の人数を、ピーク時の1984年前後、2005年、2018年で較べてみると、下の表④になる。

高校生全体の人数がピーク時からほぼ3分の2になったとは言え、弓道以外の武道の落ち込みは深刻である。特に柔道は、男子でピーク時の4分の1、女子は3分の1になっている。剣道でも男女とも2分の1以下で、空手道も3分の1である。相撲も3分の1である。なぎなたは大きな落ち込みはなく、弓道だけは男女とも3万1000人以上をキープしている。指導者がおり、施設・用具があれば競技人口は維持さ

高校生の武道部活動人口

	種目	ピーク時（年）	2005年	2018年
男子	柔道	59,273名（1984）	28,519名	15,116名
	剣道	55,671名（1984）	36,798名	25,466名
	弓道	31,830名（1990）	31,169名	31,581名
	空手道	14,080名（1992）	9,908名	5,178名
	少林寺	―	1,839名（2010）	1,504名
	相撲	2,885名（1980）	1,408名（216校）	917名（154校）
女子	柔道	12,864名（1995）	6,601名	3,926名
	剣道	39,716名（1984）	20,120名	14,758名
	弓道	37,768名（1994）	34,905名	32,105名
	空手道	5,936名（2003）	5,003名	3,765名
	少林寺	―	1,344名（2010）	1,402名
	なぎなた	1,973名（2000）	1,713名（188校）	1,537名（165校）

（全国高等学校体育連盟HPより）

れることを示している。

柔道の事故について

柔道の競技人口の落ち込みについては、2012年前後に競技人口から死亡事故を割った場合の割合が高いとの報道の影響が大きいと思われる。事故は、中学生の初心者が5月頃に十分に受身を取れない内に、投げられた時に後頭部を強打して死亡するケースが多いという。

こうした死亡事故は、柔道の登録人口が今や日本の3倍にもなるフランスでは考えられないという。フランスでは柔道は教育的スポーツとして年少の愛好者が非常に多いが、指導者は1200時間の講習を受けて国家資格を得た者であり、プロとして柔道教室を経営しているので、安全指導は徹底している。

対して日本では、中学校の部活動での事故が多い。部活動の顧問は柔道の専門家とは限らず、安全指導が徹底しているとは言い難い。学校の部活動では競技重視で、生徒同士の乱取りをさせている場合が多い。日本では段以下の級の体系立った教育システムが確立していない。受身が十分に取れないままに大外刈りなどで後ろに勢いよく倒されると事故につながるのが典型的なケースである。

全柔連も文科省も深刻に受け止めて「運動」の対策を取っている。

いろいろな提言されているが、部活動が競技重視であり、部活動の顧問がそこまで専門家でもないので、抜本的な対策は難しいであろう。試合の数をもっと減らし、受身や技の稽古により多くの時間をかける対策が必要であろうが、それには初心者指導の観点から部活動の試合に関して根本的に考え直さなければならない。

部活動指導者について

日本では、中学校、高等学校、大学と部活動が中心となっている。その顧問となるべき体育教師に、武道を修練してきた者が年々少なくなってきたことが、中学校・高等学校の武道人口の減少の主たる原因といわれる。教員採用試験の現実はなかなか厳しい現状であるが、熱意ある武道愛好の体育教師が一人でも多く現われることが望まれる。ともあれ部活顧問は、各連盟が主催する中学校・高等学校の部活動指導者研修会に参加して、自ら研鑽に励むべきである。武道は危険な面があることに留意して、安全には万全の配慮をするとともに、モラルや礼儀も教えるべきであろう。武道の部活動が青少年の学校生活の中でどういう位置づけかを考え、今後への展望も持った指導が望まれる。

(3)公認指導者資格制度

２０１１年にスポーツ振興法を全面改正したスポーツ基本法が制定された[5]。その中でスポーツの指導者の系統的な養成システムを開発し、研究集会や講習会の開催その他の施策に努めることが明記された。これを受けて、各連盟では２０１３年から公認指導者資格制度をスタートさせた。公認指導者としては、各武道連盟の段位・称号、連盟認定の指導員資格（柔道は準、C、B、Aの指導員、剣道は社会体育指導員〔初級・中級・上級〕）、弓道、相撲、空手道などは日本スポーツ協会公認の競技別指導者資格（スタートコーチ、コーチ1、2、3、4、教師、上級教師）を有することとなった。各武道連盟は、各認定資格取得のための指導員養成講習会を開催している。市区町村、都道府県、全日本と上位の大会の参加チームの指導へとレベルアップしていき、最上位の指導者は指導者講習会の講師を務める。段位取得でも、学科と実技審査があるが、指導者資格は、共通科目と専門科目の決められた時間の受講が必要である。中央から講師が派遣されて、実技指導が行われる。C級は2日間、B級は3日間集中した講習会が行われ、後から課題提出も求められる。

また、都道府県の武道館などで、地域社会武道指導者研修会が開催されている。地域社会の実情に応じた指導の展開が求められている。ただ部活動の指導者が柔道の指導の資格を持たなくとも、学校顧問特例資格を認めている。講習会などへの出席が必須ではないが、「強く推奨される」。

指導者研修会では、実技指導だけでなく、武道の歴史も文化性も講じる必要がある。指導者は、これらの機会に定期的に参加して、指導者としての力量を高めていく必要がある。

フランスの指導者資格制度

フランスでは、柔道は地域のクラブで行われているが、その指導者には国家資格制度を取っている。(6) 資格を得るためには、2007年から基礎科目と専門科目で計1200時間もの講習を受けて、柔道の技術全般の理論と指導法に加えて、柔道の歴史や展開を学び、さらに自らの柔道観を説明することが求められている。フランスの柔道人口は、登録数では日本の4倍の60万人にもなり、クラブ経営で職業的に成り立つので、柔道の専門学校に通って年数をかけても国家資格を得る者が多いという。

日本では、武道の指導者では職業が成り立つ状況にはないので、ここまで要求することは無理であろうが、体育大学生を中心に、連盟の核になる専門の人材の養成は非常に重要である。

ドイツの少年育成プログラム

ドイツでは詳細な少年の育成プログラムを持ち、8級から1級までの級ごとに何をどこまで学ぶかを決めている[7]。最初から礼儀も教え、柔道モラル10条も教えている。級ごとに帯の色も変えて動機づけもしている。初段から各段位でも何をどこまで学ぶのかを明示している。日本では初段は1年ほどで、競技的能力を主に各都道府県別に与えられるが、ドイツでは初段を取るまでに5年ほどかかり、柔道の技の全般を知っていることが必須とされている。黒帯はMeisterであり、指導者というイメージがある。技術に「理論」の審査科目があり、初段で崩しの原理、二段で技の体系の説明、三段で対象別の指導法、四段では柔道の歴史と原理、五段ではこれからの柔道の展望や自らの柔道観を述べることが求められる。

日本ではここまで体系立った少年育成プログラムはない。指導者資格制度を機に、改めてこうした海外のすぐれた取り組みを取り入れて、武道人口減少の状況を打破すべきであろう。

(4) 武道の教育的性格と生涯武道

フランスでは、「柔道は教育的スポーツです」という宣伝が流されている。フランスの柔道人口の大半が10歳までの少年少女たちである。柔道クラブで礼儀やモラルなども教えられるので、親たちに人気があるようである。

現在、全日本柔道連盟では、「柔道MIND運動」を展開している。「M：Manners＝礼節、I：Independence＝自立、N：Nobility＝高潔、D：Dignity＝品格」である。こうした面の教育は重要であり、指導者自身が実践することを意識されるべきである。

柔道の教育的性格は年少期のものだけではない。創始者の嘉納治五郎は柔道が勝負法、体育法、修心法を兼ね備えたものであることを強調していた。振り返れば剣道や弓道にしても、江戸時代から武士たる者の教育的、かつ修養的意味を根本としていたのである。今日でも生涯武道を実践している人がいること自体が、競技だけではない武道の魅力を示しているのであろう。70歳代、80歳代でも稽古や演武される方がいるのは、他のスポーツでは決してあり得ないだろう。

戦後の武道は、武道禁止令以降、歴史と精神性を封印して、競技化を進めてきたが、1970年前後は「武道はスポーツか」との問題提起はあったが、武道の独自な文化を、技法と鍛練法、精神について、歴史を踏まえながら十分に論じられてこなかった。国際化が進む今日、改めて武道の文化を踏まえて、武道の将来の展開を考えるべきではないか。

現在から将来の武道のあり様を考える前に、改めて世界で読まれている武道の古典の真価を考えてみることにする。

第6章

世界で読まれる武道の古典

――『弓と禅』と『五輪書』

世界で広く読まれている武道の古典を、具体的な身体・技法に基づいた思想として最新の研究によって読み解くことにより、武道の可能性を考えてみたい。

ドイツの哲学者ヘリゲルが著した『弓と禅』は、1953年に英訳されるや広く読まれ、武道を禅的に解釈する流れを生んだ。1920年代後半に自身が阿波研造の指導を受けて、初心から「無心」の射を体験するまでの弓道修行の体験を整理して書いたものである。弓道は、相手がなく、的を射るので、自分の身と心の関わりが捉えやすい。彼は阿波の指導で理解し難かった所を明確に書いている。ここでは、弓道の技法を補った上で、阿波の遺稿で検証すれば、その指導が具体的に明らかに出来る。阿波が強調していた精神性や禅の用語で言っている内容も、実は弓道の技法で身体的な基盤に基づいて言っていることが分かる。

もう一つは宮本武蔵の『五輪書』である。1974年に英訳されて以来、今や英訳だけでも十種類以上出ている。武蔵は江戸初頭、実戦勝負に全勝した上で「なおも深き道理」を追求して道に達した。『五輪書』は剣術鍛練を核に武士としての真の生き方を書いている。自身の経験に基づいて自らの言葉で書いたもので、成立期の武道の真髄を明瞭に書いている。術から道へ深化した過程が分かる。

オイゲン・ヘリゲル『弓と禅』

阿波研造の弓道歴と弓道観

ヘリゲルは書いていないが、師匠の阿波研造の弓道歴と弓道観をまず見ておく。阿波の生誕百年を記念して1981年に詳しい伝記とその遺稿が公刊された(1)。

阿波研造は、明治13年（1880）に宮城県石巻近郊に生まれ、20歳から元仙台藩士に雪荷派の弓術を学んで約2年で免許皆伝となって、自宅に講武館を設立した。29歳からは仙台に出て弓術指導を職業とすることにした。東京の本多利実に入門して正面打ち起しを学び、翌年から大日本武徳会の演武大会に出て全国的に名が知られるようになり、仙台の第二高等学校の弓術師範になった。7年後の大正6年（1917）には武徳会演武大会で、近的2射、遠的5射、金的、全皆中で特選一等の栄誉を得、翌年弓道教士の称号を授与された。この頃から参禅し始めた。2年後東北帝国大学の弓道師範となったが、40歳頃に内面的な大転換を体験したようである。

「我れ弓道を学ぶこと二十余年、徒らに形《かたち》に走り、その神《しん》を忘れしこと近年初めて自覚せり。弓道は禅なりと気づかざりしため、十年間無駄骨を折った」(阿波遺稿)。

阿波は術を極めた後、弓道の精神性を強調するようになった。阿波は、競技だけならば「弓遊病」にすぎず、道を冒涜するものだと批判し、弓道は「心と身との統一調和した」「修養道」だとしたのである。1925年に「大射道教」という全国組織を設立し、弓界革新の急先鋒となった。

ヘリゲルの入門と阿波の稽古

ヘリゲルは1924年に東北帝国大学に哲学講師として招聘された。彼は元来ドイツ神秘主義がいう「自己からの離脱」という教えに魅かれていたので、「無心」を目指して修行する禅に関心があった。けれども外国人が禅を学ぶのは困難なので、禅の影響を受けた何か別の道を学ぶ方がよいという日本人の忠告に従って「弓禅一味」を唱えていた阿波への入門を希望した。阿波は最初断ったが、ヘリゲルが楽しむためでなく、「大射道教」を学びたいので、最も若い弟子として扱ってもらってよいと誓ったので入門を許した。

「阿波先生の稽古は厳烈、一言一句気合にも言うべからざる霊感、内省的興奮の湧くものあり」と、当時の学生は書いている。ヘリゲルは週一度、阿波の自宅の道場へ行き、その時間は他の門人には遠慮してもらって、大学の同僚の日本人に通訳してもらい、個人指導を受けた。自宅にも巻藁を置いて熱心に稽古した。ヘリゲルは弓道を、楽しむためではなく、「禅への予備門」として、真剣に学び始めたのである。

(1)稽古の第1段階

阿波は稽古の初めに目の前の巻藁《まきわら》に向かって模範の射を見せて、「腕の力を抜いて弓を引きなさい、それが射が「精神的」になる第一歩だ」と教えた。ヘリゲルは「腕の力を抜く」ことに焦点を合わせて書いているが、弓道では弓を引き分ける前に、まず①足踏みで両足を踏み開き、②胴造りでしっかりと腰を決める。それから矢を番《つが》えて③弓構えをし、弓を一旦上へと④打ち起こしてから⑤引き分ける。弓を上から引き分けながら下ろし、肩の高さで左手は弓を押し、右手は弦をいっぱいに引き絞る。上から引き分けていくので、足から腕へと力が繋がって全身で引き分けやすいように射法が出来ている。いっぱいに引き絞って満を持して（⑥会《かい》）から、⑦離れが生じて矢が発する。左手の弓は左手の内で回り、弦を放した右手は真っ直ぐ後ろに開いて⑧残身となる。そして弓を倒して腰の位置に執り足を閉じて射を終える。このような①から⑧に分節される射法八節を繰り返し稽古して、形通りにスムーズに出来るようにする。射法八節は、弓道の長い歴史の中で生み出された無理なく弓を射るやり方である。この射法に則るが故に、力任せに腕で引くのでなく、全身一体で引き分けられるのである。

まず、目の前の巻藁に向かって引く稽古をするが、師はヘリゲルの姿勢を落ち着いて修正しながら、力を抜くように教え、彼があれこれ工夫している内は、それに任せていた。ヘリゲルがどうしても出来ないと白状して初めて、正しく引けないのは呼吸に従っていないからだと教えた。打ち起こしの時に息を吸い、引き分けで腕を下ろすとともに息を静かに押し下げて下腹を張るようにして下腹の中心の丹田《たんでん》に力を充実させて、いっぱいに引き絞って満を持する（会）。そして矢を発すると同時に息を吐く。阿波は黒板に弓を引く人の図を描いて丹田を充実させることを強調していたという。ヘリゲルは、呼吸に注意しながら稽古すると、呼吸のリズムによって射法八節は「一つの業《わざ》のように」繋がっていく。稽古を積み重ねて、呼吸に合わせて射法八節が出来るようになると、確かに力を抜いたまま弓を引くことが可能になった。そこまで1年かかったが、ヘリゲルは満足した。それは敵の力をしなやかに受け流す「柔らの道」に通じ、さらに老子が言う、正しい生き方は、全てに合わせながら、全てを自らに適応させる水と同じだという深い意味が理解できたからだと言っている。

高次な力の使い方への転換

スポーツでは、通常、トレーニングにより使う部分の筋力を強めるが、弓道では逆に、腕の力を抜いて、全身一体で技を行うこと、それも呼吸に合わせて下腹の丹田を中心として技を一つながりで行うのである。そうなるよう、心は全身の力の使い方、伝わり方を冷静に見ている。弓道の稽古は、このような高次な力の使い方に転換するのが第一段階である。基礎を徹底して稽古しなければ体得することは難しいが、一旦このような力の使い方を身につければ、動き方も物の扱い方も変わってくる。意識的に無理やりせず、自らの全身の内を見ながら、呼吸に合わせて全身で事をなすようになる。弓道では、強い弓を無理なく引けなければならないので、この力の高次な使い方への転換が明確である。

(2)稽古の第2段階

稽古の第2段階では、引き絞った弦を意識して放すのではなく、弓との関わりでちょうどよい機《タイミング》で離れが生じることが問題となる。目の前の巻藁に向かって離れの稽古をしているが、師匠は「意識して指先で放すのではなく、無心になって離れが生じるのを待て」と教える。

「離れ」は、今日一般的な『弓道教本』では「機が熟して自然に離れる」、「手先の力でなく、技の働き、気力の充実によって気合の発動により内面的な爆発力によって生じる」と説明されている。弓をいっぱいに引き絞った会で「詰め合い」「伸び合い」があり、気力の働きで離れが生じる。そこまで行く前に離すと「早気」であり、逆に持ちすぎると「遅気」となる。ちょうどよい瞬間に離れが生じてこそ矢が勢いよく飛ぶ。弓道において大変に難しい課題であり、正しい射はなかなか見られない。単に的に当てるだけではない、射の質が問題なのである。

ヘリゲルは、教えられたようにすべく集中して稽古したが、稽古が3年目に入ってもどうしても出来なかった。そこで夏休みに手先を意識的に慎重に伸ばしていくとある所で弓力によって放され、一見スムーズに離れるように思われた。けれども手先の細工は、師匠にすぐ見破られて破門されかかった。ヘリゲルだけでなく、阿波は手先の碟解《かけほど》きで的中させて得意であった学生から弓を取り上げた。「的中だけを稽古していたら人間が駄目になる、真の稽古をしたいなら来い」と言われた学生は猛然と稽古に打ち込んだ（武田行雄八段談）。手先で放すのと無心となって離れが生じるのでは質的にまったく異なる。それを明確にするため、「私が射る」のではなく、「〝それ〟が射る」と表現している。射手の意志によるのでなく、弓と関わり合う内に極限にまで高まった瞬間、離れが生ずる事態を示すのである。手先の技巧でなく、全身の力の働きと心の働きが問題であり、意識して放すのでなく、無心になれと教えていたのである。阿波は、真に無心の離れが出来るように、厳格に妥協なく稽古させている。

「精神現在」の状態

阿波は、稽古前から周りのことに気を取られないようにせよと教える。身体の力を抜いて、心も解き放つようにせよ。座って自分の呼吸に集中していくと、急速に自分がヴェールによって蔽われている感じがしてくる。さらに呼吸が自然になるようにして、雑念が生じても関わらないようにしていると、集中の中で独特の飛躍が生じる。「この飛躍によって、心はあたかもひとりでに内を躍動する状態に移り、その状態は次第に高まって、……どの方向にでも精力を呼び起こし段階的に順応して、緊張を高めたり、緩めたりできるようになる」。「精神は、特定の所に執着しないので、いたる所に現在している」、「正しい精神現在」である。何かを考え、意識することは一切なく、「特定の方向に向かわず、にもかかわらず、確固不変の力の充実から、可能なものにも不可能なものにも自らを相応《ふさわ》しくする術《すべ》を知っている」状態である。「この状態が、無心、無私であり、師が、本来的に「精神的」と言われたものである」。「あらゆる行いの前に、この精神現在が呼び出され、稽古によって確かにされる」。

ヘリゲルのこの叙述は、沢庵が剣術で無心になることを説いた『不動智神妙録』の叙述を参考にして書いているようであるが、この状態は弓道で引き絞って満を持した「会」の身心の状態を考えれば、分かりやすいであろう。会で『弓道教本』「会」の図のように、全身一体で引き絞っているが、弓の圧力は左手から丹田を通って右足の裏へと伝わり、大地を踏む力で右足から丹田、左手へと還っていく。弦を引き絞る右手の肘の力は丹田を通って左足の裏へ伝わり、大地を踏む力が左足、丹田、右肘へと還る。弓の張力に応じて、丹田を中心として両手と両足の間で力の往還があり、精力を呼び起こし「詰め合い」「伸び合い」がある。この時、まさにいたる所に精神が現在する。丹田を中心に「技の働き、気力の充実」があるのであり、だからこそ『弓道教本』が述べるように、「気合の発動により内面的な爆発力によって（離れが）生じる」のである。

射の礼法

このような「精神現在」で「無心」の離れは、集中の極みで生じるので、そこまで集中を高めなければならない。

射手はまず道場の傍らに座って集中し始める。それから呼吸に合わせて厳かに歩んで的の前に進み、お辞儀をした後、射法八節に従って弓を引き分け、会で「最高の精神的な目覚めをもって満を持して待っている」。そして離れが生じて矢が発せられた後、残身をとり、両腕を下ろし、的にお辞儀をして、静かに歩いて退出する。射は最初から最後まで一つの礼法となってつながっている（昭和初期に小笠原流式に整えられた礼法となった。今日の弓道では「体配」と呼ばれている）。

礼法として所作が定まっている故に、これに習熟すれば業《わざ》を一々意識せずに行える。呼吸に合わせて集中が持続するように心掛ける。礼法も一つの形として弓道の歴史の中で整えられてきたものである。「何年も経って初めて、自分が完全に使いこなせるようになった形は、もはや束縛とならず、自由になるという経験をする」。こうした礼法によって集中は深められ、持続するのである。

師匠の導き

こうした呼吸法によって集中し、礼法によって導かれるが、無心の離れが生じるようになるには、独特の飛躍が必要である。師の導きが必定であり、阿波は弟子の手を執って指導していたようである。師は弟子の正面に立って両手を執って一緒に弓を引き分ける。「弦執《つると》り」は、師匠が一人ひとりに正しい引き分けを体で覚えさせる稽古法である。無心の射は、その前提として全身一体の正しい引き分けが出来なければならないので、この稽古法は重要である。深く精神集中させ、それを持続させる訓練もしている。阿波は、あえて強い弓を引かせて必死にならねば引けないように追い込んでもいた。けれどもヘリゲルは、いくら稽古しても一向に無心の離れは出来ず、それについてあれこれ尋ねても、師は

「質問なんかしないで、稽古しなさい」というだけであった。ヘリゲルは絶望して稽古を止めたいとすら思ったが、師の真剣な指導にどうしても言い出せなかった。けれども師匠を信じて稽古を積み重ねていくうちに、ヘリゲルの身と心は徐々に変わっていった。

無心の離れ

破門されかかってから一年が経とうとするある日、離れの後、師が深々とお辞儀をした。「今、〝それ〟が射ました」。ヘリゲルは湧き起こってくる喜びを抑えることが出来なかったが、師は注意する。「これは賞賛でなく、確認に過ぎません。この射はあなた自身によるものではありません。さあ、何事もなかったかのように稽古しなさい」。本人が気づかなくても、無心の離れはこれだと示し、かつ出来ても本人が有頂天にならぬよう注意する師の姿は印象的である。かなりの時が経って、ヘリゲルは時々正しい射に成功するようになった。無心の射は体験してみると、それまでとは全く違っていた。それは「精神がひとりでに身体の内を躍動し、どこでも必要なエネルギーを呼び起こすことができる」状態であり、「身心一如」「弓身一体」の状態である。正射の後では息は滑るように吐かれ、急ぐことなく息が入り、集中は持続する。内面的には無心の射が出来ると「今初めて日が明け始めたような気分を味わうことが出来た」。

競技と武道の違い

弓道では、全身の身心と弓との関係でいかに離れが生じるかが捉えやすい。それでも本人が体験しない内は、その違いが理解できない。呼吸を導きとして精神集中し、礼法によって集中を深めて持続する。師の指導による稽古を積み重ねて、身体的、精神的な力を抜いて、ようやく無心の離れが生じたのである。単なる競技に止まるのか、「身と心の統一調和した」「修養道」となるか、この違いははてしなく大きい。ここが微妙だが、「弓遊病」から脱して「武道」になる境目だったのである。

(3)稽古の第3段階

稽古を始めて4年の後、初めて的に向かって射ることが許された。通常、初心の段階から近くから的を射させるような指導が多いが、阿波は無心の離れが出来るようになるまで、的前には立たせなかったのである。

師は的を射る模範を示して言った。「礼法を今まで以上に厳密に行い、的によって惑わされずに、会から無心の離れが生じるのを待っているように」。さらに稽古の度に、「的を狙うな」、「中りということを頭から消しなさい」、「的に中るのは、最高に高められた無心の確認に過ぎない」と教える。ヘリゲルはそうしようと試みたがどうしても出来なかった。

主客を明確に分ける西洋人には、「外の的を狙わずにどうして中るのか、中りが、内的に生じていることを、外的に証明することだとどうして言えるのか」、どうしても疑問であった。師は何十年と稽古しているので、実は狙っていながら、それを意識していないだけではないかと疑っている。

暗闇の道場での驚くべき射

そこで阿波は夜、暗闇の道場で的を射る。有名な場面である。夜9時頃、ヘリゲルが道場に行くと師は無言で迎えた。的の前に編み針のような線香を立てただけで、的が置かれた垜《あずち》の電灯は点けないままで的を狙うことが出来ない状態にした。師は集中して、やがて弓を取って、厳かに礼法を舞い、一手二本を射た。甲矢《はや》は勢いよい音を立てたので的中したことが分かった。乙矢《おとや》も中った。ヘリゲルが的の場所に行って電灯を点けると、甲矢は的の黒点の中心に刺さり、乙矢は甲矢の軸を少し裂いて甲矢と並んで黒点に突き刺さっているのを発見した。この時、ヘリゲルは的の前からしばらく動けなかったという。阿波は驚くべき技で狙わずとも中ることを実証したのである。阿波は後に弟子に意図を尋ねられて、「あれは偶然だよ。こんなこと別におれはして見せたつもりでもねえんだ」と語ったという。技的には、自らの身体の内側に集中して、前後左右上下にぶれず引き分け、弓矢と身心の状態が一致して自然な離れが出たので、寸分違わぬ射になったのであろう。

無心の射――「〝それ〟が射る」

これ以後、ヘリゲルは矢が的に中るか否かをもはや問題にせず、集中して無心の離れとなるようひたすら稽古を重ねていく。そしてついに無心の射が出た。阿波は「射を行わんとする心も、結果を希う心も一切離脱して、無限の大きさに合致せんとする、安らかで明るい世界を体験して、初めて自己の本来の大きな自然を知る」、これが「射裡見性《しゃりけんしょう》」――弓道における悟りだと言っていたのである。

特別によい射が出た時に、ヘリゲルは、師に「〝それ〟が射る」ということが何を意味しているか分かったか尋ねられて、次のように答えたという。

「弓を引き分けるのが私であるのか、私をいっぱいに引き絞らせるのが弓であるのか、的に中てるのが私であるのか、的が私に中たるのか。〝それ〟は身体の目には精神的である、精神の眼には身体的です。それは二つであるのか、どちらかであるのか。これら全て――弓と矢と的と私とは、相互に絡まりあっていて、もはや分けることが出来ません。分けようとする要求すら失せました。というのも、私が弓を取って射るやいなや、すべてはあまりに明らかであり、はっきりとしており、おかしい程単純なことです」。

この時、師は「今まさに、弓の弦があなたの中心を貫き通りました」と語ったと言う。ヘリゲルが弓道の真髄を掴んでいることを保証したのである。

⑷稽古の第4段階

稽古の第4段階は、弓の奥義を示すとともに日常生活の中に活かすことが求められる。奥義は昔から比喩で示されるが、自ら体験して初めてその意味が分かり、今後自らが修行を深めていく道中の指針にもなるのである。稽古の時だけでなく、日常生活でも絶えず呼吸に合わせ、何事にも精神を集中して、最も自然なやり方をするように教えられる。ヘリゲルは段位審査を受けて、五段を授けられた。それは師匠なくして一人で深めていける段階に達したことを証するものであった。弓の稽古において無心で「おのずから」なるあり様が体験できるようになれば、生活の他の場面でも無心のあり様が見えてくる。かくて、弓で無心の体験を得たならば、さらに技を脱して禅が指し示す無心に至るようになると言うのである。

『弓と禅』の成立

１９２９年ヘリゲルはドイツに帰国するが、ドイツでも弓道の稽古を続けていた。１９３６年にはベルリンの日独協会で「武士道的な弓道」と題した講演で、自らの弓道修行の過程を話した。その原稿を、稽古の時に通訳してくれていた同僚に送ってきて、訳して阿波先生に見ていただきたいと言ってきた。阿波はその内容を読んで、「一言も非難すべきことはない。世界に立派に紹介されたことを喜ぶ」と評したという。ヘリゲルはこの評に安心した。この講演は評判となって、『日本の弓術』として訳され、岩波文庫で今日も読まれている。ヘリゲルは、この講演を増補した本を書く予定であったが、１９３９年から第二次世界大戦となり、自らもエアランゲン大学の副学長、学長となって、それどころではなくなった。ドイツの敗戦後、ヘリゲルは自宅を米軍に接収され、さらに非ナチ化法廷にかけられて苦労するが、1948年に『弓と禅』を出版した。

『弓と禅』の意味づけ

ヘリゲルは、『弓と禅』の最後に、鈴木大拙による英訳によって知った禅僧沢庵の『不動智神妙録』を紹介して、剣においても極意は無心になることだったとして、自らの体験だけでなく、他の道でも伝統的に語られていたことを指摘するのである。

大拙が『禅と日本文化』で示そうとしたことを、ヘリゲルの『弓と禅』は自身の身心の変容と無心の技の修し方の体験から具体的に語っていると言える。

弓も禅も実際に身心を修練して自ら経験しなければならない。何代にもわたって受け継がれてきたやり方――「形（型）」に従って、無心を経験した師匠に導かれて、厳しい修練の道を歩み通して初めて達し得る。師匠に認められることによって、無心の技の何たるかが次第に明瞭に分かってきて、過去の先人たちの教えも理解できるようになる。それは、自分中心に見、考える通常とは、別の尺度で見、考えることである。自分が行うのではなく、「それが行う」と言うべきあり様であり、ヘリゲルは「これまで思いもしなかった実存のあり様」だと言うのである。ヘリゲルは、日本の芸道や武道の修練の道が持つ普遍的な意味を明らかにしているのである。

弓道の伝統においては儒教の「観徳の射」や神道などの影響が強く、禅との関係を言うのは大正から昭和初期に起こったことであった。またヘリゲルの『弓と禅』を読んだ外国人が「無心」の射を求めるあまり、きちんとした技を疎かにしていると批判する弓道指導者も多い。けれども『弓と禅』の内容をよく読み、弓道の技法を踏まえ、阿波の遺稿も併せて考えると、術的な基盤がしっかりしており、伝統的に弓道が目指していたことを実際に技で実現しようとしていたことが分かる。

阿波とも交流があり、昭和初期に『武禅』誌で「弓禅一味」の思想を説いた梅路見鸞《けんらん》がいた。梅路を継いだ無影心月流道場では、ここに描かれているような指導が行われている(2)。戦後の弓道は的中の競技に重きをおいてきたが、将来に向けて、弓道の本質は何なのかは、改めて問い直すべきであると思う。

宮本武蔵『五輪書』

弓道の場合は、的に向かって射るので、自らの身と心の変容に焦点が絞られて論じられていた。けれども剣術では、様々な場面で敵と打ち合うだけに、多様な要素が関わっている。しかも宮本武蔵は、剣術の鍛練を核として、武士たる者の生き方を説こうとした。では、その理論はいかなるものか。『五輪書』の内容を考えることにする。(3)

宮本武蔵の生涯

宮本武蔵は、「生国播磨の武士」と自ら名乗っているように、本能寺の変が起こった1582年に播磨（兵庫県）に生まれたが、生家が秀吉の軍に敗れた家だったため、武士として残るために美作（岡山県）の武芸者、宮本無二斎の養子となった。そして『五輪書』の冒頭で述べるように、少年期から兵法の道を鍛練し、13歳で初めて勝負し、新当流の武芸者に勝った。関ヶ原の合戦の時には九州の東軍方で戦ったようである。その後、21歳で都へ上って武者修行を始めて29歳まで60度余りの実戦勝負に全て勝ったが、30歳以後、「なおも深き道理」を追求したという。その後のことを諸資料を併せてみれば、大坂の陣では徳川譜代の藩の騎馬武者として出陣し、壮年期には姫路や明石に入って譜代大名の客分となった。養子の伊織は、明石の小笠原藩の家老になった。武蔵は50歳の頃に道に達したという。翌年、小笠原藩が明石から九州小倉に領地が替わったので、武蔵と伊織は小倉に移ったが、5年後に起こった島原の乱で伊織は軍功を挙げ、筆頭家老となった。その後武蔵は、熊本の細川藩の客分となり、自らの剣術を残そうとし『兵法三十五箇条』を藩主に呈上したが、翌月藩主は亡くなった。2年後、『五輪書』を書き始めたが、若い藩主や家老などを念頭に、近世の社会の中で武士の役割を捉えた上で、剣術鍛練の道を具体的に論じて、日常生活にまで徹底すべきことを書いている。1645年、武蔵は死の一週間前に『五輪書』を完成して弟子に遺した。

『五輪書』の構成

『五輪書』は「地・水・火・風・空」の五巻から成るが、最初の地の巻で全体の構成と五巻のそれぞれの意味をまとめて書いている。剣術書の枠を超えて武士の生き方を含む兵法論へ大きく展開したために、五巻の概要を予め示す必要を感じて書いたものであろう。

「地の巻」は、まず道の地盤を固めるとして、兵法は武家の法で大将も士卒も共に修めるべきものだとし、社会における兵法の道の位置づけと武士の精神を語る。「道」の追求の仕方を述べる。

「水の巻」は、入れる器に従って変化し、一滴にも大海にもなる水のイメージで、兵法の核になる剣術の道理を説く。術の基礎から太刀遣いの理と稽古法、敵との戦い方を述べる。

「火の巻」は、小さな火がたちまちに大きく燃え広がっていく火のイメージによって、一人での剣術の勝負の理が、万人の合戦の場面にも展開できることを示す。

「風の巻」は、他流が「その家々の風」でいかに思い違いをしているかを示し、それを通じて自分がいう道理が正しいものであることを確かめる。技についての考え方から教え方まで述べる。

英語・フランス語・ドイツ語に訳された『五輪書』

「空の巻」は、究極的には、「道理を得ては、道理を離れ」、「おのれと実の道に入ることを、空の巻にして書きとどむるもの也」とまとめている。

『五輪書』は、以上の五巻により、剣術の理を核として武士のあり方全体にわたる「兵法の道」を示そうとしたものである。ここでは、『兵法三十五箇条』の内容（条目名を記す）も踏まえながら、武道の術技の鍛練からいかに武士としての生きる道へと展開していくのかをみることにする。

(1)技の基礎　心と身の高次なあり様への鍛練

剣術の道理を説く水の巻は冒頭に、技の基礎となる心と身について詳しく述べる。

剣術では隙《すき》があれば、そこを敵に狙われる。癖があれば、技を稽古するにつれてひどくなり行き詰る。自分では隙や癖に気がつきにくいが、まず心も身も直《す》ぐであるように日常から鍛練しなければならない。

まず「心を広く直ぐにし、心のかたよらぬように、心を真ん中におきて、心を静かにゆるがせよ」。心を真中に置いて片寄らぬよう自らを見つめながら、その都度の状況や敵の変化に柔軟に応じられるように心を揺るがせておくのである。

身構えは、「頭より足のうら迄、ひとしく心をくばり、片つりなき様に仕立る」（「兵法の道見立処」）。背筋が真っ直ぐで腰が入った姿勢で、「くさびをしむる」（脇差を帯で締める）という言い方で、下腹の丹田を充実させることを言う。しかも「いつとなく、太刀も手も出合いやすく、かたまらずして、切りよき様に、やすらかなるを、是生きる手と云也」（「太刀取り様」）と言っている。「兵法の身を常の身とし」、日常の姿勢から、敵を前にした兵法の身構えと同様に、全身一体でどこにも隙がないように鍛練するのである。

目は広くつけ、「観の目つよく、見の目よはく、遠き所を近く見、ちかき所を遠く見る」。目で見るのでなく、全感覚を働かせて状況全体を知る。「常住この目付」であるよう絶えず鍛練していくべきである。

足遣いで、「きる時、引く時、うくる時迄も、陰陽とて、右ひだり右ひだりと踏む足也」とあり、常に足遣いとともに太刀を振るのである。

日常のあり様を、どこにも隙も癖もなく、力を抜くようにしておき、技をなす時には全身一体で、足とともに太刀を振るように高次なものに鍛練しなければならない。

⑵太刀遣いの原理　「太刀の道」の追求

太刀の構えは、〈上段・中段・下段、左脇、右脇〉の「五方」だとする。あらゆる構えもこの五つのバリエーションと考えればよい。最初から構えると思わず、その都度敵を最も切りやすい構えをせよと注意する。相手との関係に応じて構えるのである。

太刀の振り方は、「太刀の道」を知れという。長くて重い太刀は、小刀のように手先で振り回すことはできず、身体と一体となって遣わなければならない。太刀は叩いたり、当てるだけでは切れない。鋭利な刃筋を通してすっと引くか押すかしなければ切れない。動きには流れがある。その都度の構えから太刀を振りやすく、切ることができる「太刀の道」がある。無理に速く振ろうとすれば、太刀の道に逆らって振りにくい。「太刀の道」に即した身体遣いができるよう鍛練しなければならない。「太刀を打ち下げては、あげよき道へあげ、横にふりては横にもどりよき道へもどし」、太刀を振って感覚を研ぎ澄ませ、力も速さも振る道筋もちょうどよい「太刀の道」を追求していくのである。その感覚をつかむために典型的な動き方を示した形を稽古するのである。

太刀遣いの稽古法――形稽古の意味

剣術では、二人で打ち合うやり方を決めた形《かた》で稽古する。武蔵が稽古のために自作した木刀は、日本刀の鎬《しのぎ》のように刀身の真中を高くして刃部が鋭くなるよう削っている。刃筋の感覚を大事にするが故であろう。

形は、一方が打ち込んでくるのを、他方がいかにかわして、いかに勝つのか、無理なく自然な模範的な勝ち方を示す。形は、双方の動き方は決まっているが、両者の間合いやスピードを変えて、繰り返し稽古して、太刀の遣い方を覚える。剣術では、相手との関係で打ちを出す。前後・左右・上下に動いて、相手の太刀をかわし、あるいは太刀を受け、張って、自らの太刀で打つ。自分からやみくもに打ち込むのではなく、相手の構えや動きに応じて、その攻めをかわし、防ぐと同時に攻める。中国武術の形（套路《とうろ》）は一人で技を次々に出していくが、日本の剣術の形は、二人で攻防のやり方を決めた形で稽古する。自分一人の技でなく、常に相手との関係の中での技である。

剣術の形――他流派の形と武蔵の形

剣術の場合には、そもそも相手がどのように構え、いかに動くかは様々な場合が想定される。それ故、剣術のそれぞれの流派によって数十本の形が工夫され、それらを何本かずつ組み合わせて、〈初伝・中伝・奥伝・極意〉などと段階づけ、その都度免許を与えて教えていた（流派の全ての形を学べば免許皆伝）。

けれども武蔵の形は、全く独特で、たった五本である。それは、構えが五方なのだから、その構えから最も振りやすく相手を切ることができる太刀の遣い方を知ればよいと考えるからである。「五つのおもて」の形を繰り返し稽古する中で「太刀の道」の感覚を知れと強調している。たった五本だが、感覚を研ぎ澄ませれば、いくらでも深く学べる。

『五輪書』では太刀遣いを述べている箇所なので、相手との関係は表立って言われていないが、二人で形をさまざまに変化させて繰り返し稽古していけば、相手との距離、打つ拍子、相手の打ちの見分け方なども同時に感覚的に分かってくる。それ故「太刀の道をしり、又大形拍子をも覚へ、敵に太刀を見分くる事、先この五つ〔のおもて〕にて、不断手をからす〔習熟する〕所也」と武蔵は書いている。

二人で行う形を稽古して、相手に応じた太刀遣いの感覚を研ぎ澄ませていく。武蔵は太刀遣いの原理を掴み、日本剣術の特色である形稽古の本質を明らかにしていたのである。

武蔵の形稽古の要領

では、武蔵の流派では形をどのように稽古していたのか。『五輪書』にはないが、流派の『兵法三十九箇条』の「五方の構の次第」に載せられている。これは『兵法三十五箇条』に弟子が増補した部分で、以下の引用は武蔵の遺文と思われる箇所である。

「敵打ち出す心を請け、敵の打ち太刀にあたらざる如く、向《むこう》の顔に突きかけ、敵に巧みを失わせ、是非もなく打つ処を、切先《きっさき》を返して、上より手を打つ也」。技の詳しい内容には触れられないが、ともかく「敵打ち出す心を請け」と、打ち出す以前の段階で敵の打ちを予測して、突きかけ、敵が仕方なく、打ってくるところを、太刀を返して打ち勝つのである。敵が打ち出す前の心に応じた技である。それ故、「惣別《そうべつ》、敵が打つ也と思う心の頭《かしら》に我が心を付けて、先々《せんせん》の先《せん》になるものなり。」とまとめている。

敵が打とうと思う先を見抜いて、敵が打ちを出す前に主導権を取るように、稽古せよというのである。

「枕のおさへ」――敵のせぬ内に技を抑える

実は『五輪書』でも火の巻に「枕のおさへ」として同様のことを論じている。

「敵にかかりあふ時、敵何ごとにてもおもふ気ざしを、敵のせぬうちに見知りて、敵のうつと云ふうつのうの字のかしらをおさへて、跡をさせざる心」を説くのである。敵が技を出そうとするのを、出す前に見抜いて、打てなくする。このように敵が技を出す前に見抜く目は、形稽古の中で、「敵打ち出す心を請け」、敵の機先を制する稽古をして培うのである。

このように敵が打ち出す以前に対応して敵が打てなくさせてしまうなら、もはや敵に打ち出させず勝つことになる。事実、武蔵の50代の名古屋の藩主の御前での立ち合いでは、武蔵は相手に対して二刀を構えたまま追い込んで、道場をぐるっと一周して、「勝負はこのようなものでございます」と言上したという。武蔵は相手に打ちを出させずに勝つのを至上としたのである。

(3)敵に勝つ道理の追求

敵に勝つには、勝つ道理がある。武蔵は、火の巻に勝つ道理を説いている。

まず戦いの場を勝つ。その場での光線の方向、足場、高低、障害物の有無などを把握して、〈自分に有利に、相手に不利に〉なるよう工夫する。こちらが太陽を背にすれば敵は眩しい、水たまりなど足場の悪い所、木立などの障害物のある方へ敵を追いやるようにし、自分は動きやすい高い地を取ればよい。戦う前に戦う場の特性を即座に把握して、〈自分に有利に、敵に不利になる〉ように智力を働かせる。

自分と敵との関係を考えて、自分が主導権――「先《せん》」を握るように工夫する。攻防は、自分から懸る場合には攻める気配を見せない「懸《けん》の先」、敵が懸ってくるのを待って攻める場合には油断させる「待《たい》の先」、自分と敵が同時に攻める場合には軽やかに動けるようにする「体々《たいだい》の先」の「三つ先」をいう。いずれにおいても敵の逆を取って、自分が戦いの主導権を握るのである。

実際の戦い方

実際の戦い方はどうするか。十五箇条で詳しく書くが、まとめると以下のようになる。

①敵をよく観察する。敵の人柄、強い所・弱い所、勢いの盛ん・衰え、拍子を掴んで、敵の逆を取るようにする。

②敵の技を抑え（「剣を踏む」）、敵に自由に攻めさせない（剣先を常に敵の顔・胸に向け

ておく)。
③敵を崩す(敵の構えを動かし、意表を突き、うろめかせ、脅かし心理的に動揺させる)。
④敵が崩れた瞬間に打ちこむ(敵に立ち直る余裕を与えず、即座に一気に勝ち切る)。
自分は身なりも心も直にして、敵をひずませ、ゆがませて、敵の心のねぢひねる所を勝つことが大事である。武蔵が敵をよく分析して、勝つ道理を明確に掴んでいたことが分かる。実際の戦いの場で、このように冷静に行い勝てるよう、一々を意識せずとも出来るように常日頃鍛練しておかなければならない。

(4)「実の道」の教え方

武蔵は、風の巻の最後に、他流の教え方を批判しながら、自らの教え方を書いている。

他流では教える形を「表」と「奥」と区別し、「極意・秘伝」を言う。けれども武蔵は、敵と打ち合うのに、「表」の太刀遣いで戦い、「奥」の太刀で切るというようなことはないと批判する。実戦では、そんな区別などないのである。技を一層上達させようとすれば、かえって最初に学んだ「口」の基礎的な所が問い直されるものである。また流派に入門する時、他流では教えられることは誰にも漏らさない、反すればいかなる罰を受けても構わないという「誓紙罰文」を提出させていたが、「我道を伝ふるに、誓紙罰文などといふ事を好まず」として否定する。

武蔵の教え方は、初めて技を学ぶ人には、やりやすい技を先に習わせ、早く納得できる理を先に教え、理解の及ばない所は、その人の理解が進む所を見分けて、次第に深い所の理を教えるというのである。学ぶ者の理解力を見ながら、いかなる時にも通用する「直《すぐ》なる道」を教え、それまで兵法を学ぶ中で身に付けてきた癖や思い込んでいる悪い所を捨てさせていく。学ぶ者がおのずから「武士の法の実《まこと》の道」に入り、疑いのない心になるようにするのが、自分の兵法の道の教え方だと言うのである。実際、それぞれの個性に合わせて、武士として立派に生きていくように導くのである。

⑸空の巻

武蔵は、空の巻で「兵法の道」を修する上での心得と修して至る境を示している。

「空といふ心は、物毎のなき所、しれざる事を空と見立つる也」。今はまた分からず、知り得ない所を、取りあえず「空」と「見立つる」と仮に言っている。しかも「ある所をしりて、なき所を知る」。空は「なき所」であるが、具体的な「ある所」を鍛練する中で得られるものだと言う。

「ある所」は、武士にとっては「兵法の道」である。それ故、武蔵は言う。「武士は兵法の道をたしかに覚へ、其外武芸をよく務め、武士のおこなふ道もくらからず、心のまよふ所なく、朝々時々におこたらず、心意二つの心をみがき、観見二つの眼をとぎ、少しもくもりなく、まよひの雲の晴れたる所こそ、実《まこと》の空と知るべき也」。

実際に具体的に鍛練を続けていく中で、迷いなき境に達する。武蔵は「空」によって禅の言う深い境地など言うわけではない。あくまでも日々の鍛練に即していう。しかも鍛練といっても自分では確かでよいと思うことであっても、もっと大きな眼でみれば「其身其身の心のひいき、其目其目のひずみ」によって、実の道にそむいていることがある。それ故、「空」を思い取りながら、実際にやるべき道を鍛練していくのである。

地の巻で空の巻の内容を予告した条には、「道理を得ては道理をはなれ、兵法の道に、おのれと自由ありて、おのれと奇特を得、時にあいては拍子を知り、おのづから打ち、おのづからあたる」と書いていた。地水火風の四巻に詳しく論じられた道理は、それを体得すればもはや一々意識せずとも道理に適ったあり様となるので、術はおのずから出て、おのずから当たる自由な境地になっているのである。武蔵は続けて「おのれと実の道に入る事を、空の巻にして書とどむるもの也」と書いていた。兵法の道の鍛練は、そのまま真実の生き方をもたらすものとされるのである。

(6)『五輪書』の位置づけ

武蔵は、「兵法の道」を、長年の鍛練の積み重ねから直截に言う。日々の生活から身と心を鍛練し、形稽古によって「太刀の道」に即した太刀遣いを磨いていき、次第に自在に動けるようになる。稽古の中で無理なく勝てる戦い方も分かってきて、武士として自信を持って、迷いなく生きるようになる。そのように鍛練していれば、大将であれば、家臣を活かすように使い、民を養い、国を治めることに「勝つ」ように心掛ける。あらゆる面で「勝ち」、誰よりも優れた人間として生きるようになる。

この時、剣術の鍛練は、武士の生きる道という意味で「武の道」となっている。『五輪書』は、「兵法の道」を、剣術の鍛練の道を核として、具体的で、かつ普遍的に理論づけている。

武蔵にとって、「武士」は人に優れた人間であるべきであったので、あらゆる場面で、人に優れんと努力することは、その生き様である。「今日は昨日の我にかち、明日は下手にかち、後は上手に勝つとおもひ」、「千日の稽古を鍛とし、万日の稽古を練とすべし」。「空」を思い取りながら、具体的な身と心と技の鍛練を限りなく続けていく。そこに真の生き方がおのずから開かれてくると言うのである。それは今日に通用する武道の道の真髄でもあるはずである。

終　章

武道が持つ可能性

武道の歴史性

武道は、日本の長い伝統の中で育まれてきた高度な文化である。

第3章に見たように、武道文化の基盤は、江戸時代に武芸鍛練に、支配階級としての武士の生き方を学ぶ意味を付与して「兵法の道」と称したところにある。弓術の稽古や、剣術や柔術など二人で行う形を稽古する中で、身と心を錬り、礼儀や作法、そして武士の覚悟と生きる美学も培っていた。徳川の平和の世で、流派武芸は、武術の実戦性よりも、武士の鍛練の道として展開した。禅や気のコスモロジーなどに影響された伝書も書かれた。剣術では江戸時代後期から、竹刀で打ち合う撃剣が工夫されたが、武士としての鍛練の道という理念は受け継がれていた。

第4章では、明治維新となって、担い手が武士層から学生、市民層に代わって、江戸の武芸文化を近代的に再編成して近代武道が成立した様を見た。武道は、体育として合理化し、競技化するのが主流であったが、精神性や教育的意味を強調する流れもあった。

第5章では、戦後、占領下で武道禁止令が出され、日本の伝統文化を否定する風潮があった中で、武道はその歴史や精神性にはほとんど触れずに、スポーツ化し、競技化、国際化することが目指されたことを見た。

オリンピックは、その究極的なあり様と言えるが、柔道、そして空手道が競技種目となった。けれども競技化し、国際的に広がることで、長い歴史があり、親しまれてきたものが変容し失われる面もあることを忘れてはならない。オリンピック大会自体も様々な問題を抱えていることを冷静に考え直す必要があることは、第1章で見た。

弓道や剣道などは、伝統性が最も強いので、競技性よりも、精神性や文化性が問題となる。では、その内容はいかなるものであるか、第6章では世界で読まれている2つの古典を新たな研究に基づいて読み直してみた。

「人間的実存の思わざるあり様」

第6章前半でヘリゲルの『弓と禅』に即して、弓道修行の過程を考えた。ヘリゲルは初心者から無心の技を出せるまで体験したが、その間の身と心の変化を哲学者だけに冷静に分析しているので、弓道において修行が深まる段階性を明らかにすることが出来たと言える。弓道の技法と師匠の阿波の遺稿を合わせて考えることで、阿波の「弓禅一味」の思想が、弓道の身体的な基盤に基づいていることを明らかにした。今注目したいのは、ヘリゲルが禅を「人間的実存のこれまで予想もされていなかったあり様」と言っていることである。それは、自らが弓道修行で体験した4つの修行段階を通じた人間形成のあり様だと言ってよい。ヘリゲルはそれを、近代ヨーロッパの人間理解とは異なる、新たな人間形成の仕方だと考えていた。

では、ヘリゲルが示した4つの修行段階は、他の武道修行でも認められるのか、第6章後半で見た武蔵の『五輪書』の内容に当てはめて考えておきたい。その際、ヘリゲルの叙述を、技の動きの際の身体と心の動きに注目して、まとめ直しながら考えてみる。

第1段階　力を抜いて、全身一体の働きへ

第1段階は、意識して力づくで行う通常の動き方から力を抜いて、射法に合わせて全身一体で動くことへの転換である。射法八節の稽古によって、足踏み、胴造りで、腰が決まり、腹が据わった体勢で、背筋が真っ直ぐで軸が通った姿勢となる。次に弓を静かに打ち起こすが、呼吸に合わせて動き、速さもその人によっておのずと決まってくる。上からゆ

っくり下ろして自分の身体を弓の内へ入れるように、腕の力を抜いて、左右均等に全身がつながって引き分けていくのである。

剣術では、武蔵はまず姿勢を頭から足先まで全身一体で隙のないようにと注意していた。「くさびをしむる」というのは、下腹を充実させ鞘で帯を締めた姿勢を示す。そして太刀を振るにも左右の足遣いと一体になるように注意していた。これも腕の力を抜いて全身一体の打ちをするのである。「太刀の道」に即して、太刀の重さを活かして振る。この時、武蔵は特に言っていないが、声を出しながら打ち下ろすのは呼吸に合わせた動きである。

第2段階　形の稽古によって無心の技へ

第2段階は、手先で意識して放すのではなく、いっぱいに引き絞った状態で弓と身体の「詰め合い」「伸び合い」で、全身の力が伝わり合う中で離れが生じる。「無心」の離れで「〝それ〟が射る」と言われていた。

これは武蔵で言えば、相手との関わりで、打ちが出るということであろう。自分勝手に打ちを出すのではなく、相手に応じて最も打ちやすく切れる「太刀の道」に即して打ちが出るのである。そのような打ちは形を稽古する中で身につける。相手との関わりにおいてちょうどよい間合いがあり、打ち出すタイミングがあり、ちょうどよい角度とスピードがある。形はその都度の構えから無理なく自然に打てる典型として、一連の技の流れで打ち方が決められている。技の手順が決められているので、相手との関係のみに集中できる。打太刀が間合いやスピード、タイミングを様々に変えながら打ち込んでくるのに対して、仕太刀はその都度いかに応じるのかを反復稽古する中で、前後上下左右に時間を加えた4次元的な時空において最もよい「太刀の道」を感覚で覚えるのである。最初は決められた形通りの手順を覚えて稽古していたのが、次第に自然な打ちの感覚が研ぎ澄まされ、身についていく。同時に相手の打ちを外す感覚や相手が打ちを出そうとする感覚も分かってくる。打太刀が形を通して仕太刀がよりよく打てるように引き出していく。おのずから打ち、おのずから当たる感覚は、そうした形の稽古の中で培われる。このように分析的には武蔵は言わないが、形稽古で「太刀の道」を知るとは、前述のことであると言える。

第3段階　無心で技を行う境地へ

第3段階は、的を射ても的を狙わず無心で射ることであった。それは第2段階が離れだけに焦点をあわせていたのを実際に無心で射ることである。

これは武蔵では、形稽古ではなく、実際に自由に打ち合っても無心で打ちを出すことに相当するであろう。武蔵はそのような言い方をしていないが、相手が技を出す前に対処するので相手に技を打ち出させない「枕のおさへ」はそのことを示すと言える。打たずして勝てるのは、第2段階のような打ちを常に出すことができる故である。技において、何がよく何が悪いのかが明瞭になるので、他流の技の誤りが見えてくる。武蔵が風の巻で論じるのも、そうして「直道」を明確にするためである。

第4段階　無心の技から無心の行いへ

第4段階は、射る中で経験する無心の状態を、日常生活のあらゆる場面でも行おうとすることである。〝それ〟に従って生きることである。

武蔵は、「兵法の利にまかせて、諸芸諸能の道となせば万事におゐて我に師匠なし」と言う。実際に彼の水墨画は誰に教えられることなく、剣において磨き上げた彼独自の風である。武蔵自身、「手にて打勝ち、目に見ることにも勝ち、……身にてもかち、……心にても勝つ。いかにして人にまくることあらんや」と、生き方へと展開することを言っていたのである。

以上のように、4つの段階は、武蔵においても確認できるのである。ヘリゲルは師に導かれる弟子の立場で、「無心」の言葉で表現したのに対して、武蔵は自ら達した師の立場で書いているので、印象がまったく異なるが、道を深める面から考えれば、4つの段階がやはり認められたのである。精神性を強調した阿波研造の指導を受けたヘリゲルが表現したことが、歴史を遡って江戸初期の剣術の宮本武蔵において確かめられたことになる。

武道による身心鍛練の道

上記の4つの段階が、さらに武道の稽古全般においても見られることを、武道でよく言われる事柄から考えておきたい。

意識的行為から身心の鍛練へ

武道では基礎稽古が重視されている。昔から弓術では「巻藁3年」、剣術では「素振り3年」、柔術では「受け3年」などと言って、徹底して基礎を稽古させたというのも、最初の身体の動き方の転換が決定的に大事だからである。動きながらも、呼吸に合わせ自らの身体の内を見る目が必要である。通常の意識的な行為から、身心が一体で呼吸に合わせたあり様へと転換されている。

黙想や坐禅では、姿勢を正して呼吸に集中して身心の鍛練が行われる。弓道や剣道でも坐禅が取り入れられている。

「無心」の技への突破

師の導きによって、形の稽古により、精神を集中して、「弓身一体」、「相手と一体」となるように追い込まれて極度に集中する中で、個人の枠を超えて、他との関わりの中へ突破する。この時、身心を極限に集中させるために、寒稽古や暑中稽古をしたり、合宿で集中稽古をしたりする。無心を体験している師は弟子に合わせて様々に導くが、「無心」は教えられるわけではなく、修行者が自分で突破し、発見しなければならない。師は弟子の中が熟するのを待っている。「無心」となれば、自分が技をするのでありながら、技をさせられている感じであり、「〝それ〟が行う」境地である。

他のスポーツでも技の中で無心に入ることがあり、ゾーンに入るなどと言われるが、武道は技の眼目を個人の意識を超えて、無心に入ることに置いている。

「身心一体」の技へ

稽古を続けていく中で、身心の集中が高まってたまたま無心の技が出来ることがある。その時師がそれだと明示する。師にそれだと示されて気づき、明確になっていく。師の判断は妥協がなく、賞賛でもなく、確認である。無心で射られるか否かに一喜一憂せず、自らの射を冷静に見るようになる。次第に自分でもその時の技から自らの心が分かるようになる。そうして次第に「心技一如」の技となり、さらに無心の技へと展開する。「無心」が何かが明瞭に分かってくれば、師から独立して、一人で自らの技を深めていけるようになる。

形を十分に身につければ、それ以外の場面でも無心で技を遣えるようになる。最初は形を守って、それが示すやり方を十分に体得すれば、次には形を破って、違うやり方をして、さらには形を離れて自在なやり方にもなり得るというのが、「守・破・離」として武道ではよく言われる。

技を脱して生活へ

武蔵は、身なりや心持、目付などを、日常生活から鍛練していくべきことを述べていた。

姿勢など、肩の力を抜き、背筋を伸ばして、偏りのないあり様を普段から注意しておくべきである。ゆったりとした呼吸をして、その都度、精神集中する。道場での稽古の時だけでなく、生活の中の動作も、力を抜いて自然に行い、動けるようになってくると、身にも心にも伸びやかな感じがある。武道の技で求められるように、澄んだ気で、自然にさせられる感じで振舞うように心掛ける。武道で技を通じて、無心を体験するが故に、他の場面でも無心に行うようになるのである。そうした自己を超えて「〝それ〟が行う」と言うべき境地で生きることができれば、「おのれと実の道に入る」、真なる生き方が出来るのである。

「道」は、自らが歩んでみないことには開かれない。個々に自身で追求していく中で、真の個（only one）となっていく。敵に対する時、恐怖心が立ち、敵に対してどう戦うかを考えて、右往左往することが多いが、「空」を思い取って「無心」となって、真に独立不羈の精神を持てば、何がこようと綽綽として対処出来るのであろう。山岡鉄舟や勝海舟の大胆不敵な行動もこうして可能になったとも言えよう。

ここで言われるのは、名人・達人の域である。だれでもが出来ることではない。けれどもそれが出来た先人がいたということが重要であり、自らもそのように出来ることを目指して稽古するのである。

ヘリゲルは「人間的実存のこれまで予想もされていなかったあり様」と言っていたが、4つの段階は、身心を鍛練して、自ら自立して生きていく過程として考えられ、確かに明確な人間形成の道を示していると言えるだろう。

現代社会における武道の意味について

武道は、情報化時代の現代に改めて見直すべき文化的な価値を持っていると思う。武道は、長年の身体と心の鍛練を必要とする文化である。自ら集中して修練しなければ奥の深さは分からない。競技だけでない面に気づくのにも時間と人生経験が必要かも知れない。

道着に着替えた時、姿勢も真っ直ぐになり、道場に礼をして入ると、気持ちも引き締まる。師や仲間に礼をして、道具を使う場合にはそれを大事に扱って、稽古を始める。武道の動法は独特である。力を抜き、呼吸に合わせて精神集中する。相手に合わせて動きながらも、一体とした技が求められる。受身を心得、相手の動きへの対処法も知れば、護身術となってそれなりの自信も出来る、技の鍛練とともに、上達が自覚できれば嬉しい。高齢で技量優れた師範に接することができれば、やがて自らが老いた時にも目指すべき姿にもなる。切磋琢磨する仲間がおり、ともに励ましながら鍛練できる。

高齢になっても鍛練をして、誇りを持って次世代の教育にあたる人もいる。武道は過去の多くの先人の努力の積み重ねの結果であり、また自分の技とて、何人もの指導者の教えの賜物である。そのことに感謝しながら、また自らも歴史を次へと伝承していく。90歳でも、道場に立てば矍鑠《かくしゃく》とされているのを見たことがある。武道は常に高みを目指し、生涯現役である生き方のモデルを示しているとも言える。

日本文化への導入

現代では生活様式がすっかり西洋化し、日常的に和服を着たり、畳に座ったりすることはまれになった。そうした中で、武道は、畳と着物の文化である。弓道や剣道の袴を穿き、帯を締めると、腰も決まって上体が真っ直ぐになる。伝統的な生活の中にあった、腰を入れ腹を据えたからだ遣いをする契機になり得るであろう。個としての誇りと礼儀、克己に努める修養文化である。

あまり注目されていないが、弓や矢、碟、刀、竹刀、なぎなた、杖、各種防具などは、工芸品と言えるほどの高度な技術によって作られたものである。畳、土俵、板間の道場から、稽古着、道着など、武道は高度な職人技に支えられている部分も非常に大きい。それらの職人の仕事へ関心を向ければ、様々な職人技が眼に入ってくる。

武道に関心を持って、そこから日本文化へと導かれる外国人も多いが、日本人自身がもっと広い視野に立って日本文化を知る必要がある。

グローバル化時代

武道は今日、外国人の修行者も非常に多くなっている。競技よりも、形稽古に興味を示す外国人も多い。武道は、近代スポーツとは異なる人間観を持ち、個々人が技とともに身心のあり様を鍛錬している。外国人の中には、古流の武芸を習い、武道の歴史を熱心に調べている人もいるのに対して、日本人武道家が武道の歴史に無関心でいるという事態も見受けられる。

グローバル化するほどに、改めて文化的アイデンティティとは何かが問われている。現代武道は今日では国際連盟との関係もあって、そのあり様を変容させており、今後ますます大きく変容していくことであろう。そうした中で、武道にとって何が核心であるのかをよく自覚して、それらの変容が武道の将来にどのような影響を及ぼすのかを考えていかなければならない。

武道の将来について

今後、武道がどのように展開していくか、伝統を我々がどう受け継ぐかによって決まる。今日の武道が形成されるまでには、非常に多くの先人たちの努力があったことに思いを致し、また武道は日本の伝統文化の中でも今日なお国際的に広く広がっている文化であることを自覚して、誇りを持って、どのように受け継ぎ、発展させていくべきか、よく考え、努力していくことが期待される。人類文化への寄与という観点から、武道が持つ可能性を考えるべきであろう。

注

第1章

1. 2020年東京オリンピック・パラリンピック公式サイト　競技「柔道」参照。
2. マーヤ・ソリドーワル、魚住孝至「空手道の歴史とその精神」（『武道論集Ⅰ 武道の歴史とその精神（増補版）』所収・国際武道大学・2010）参照。
3. 2020年東京オリンピック・パラリンピック公式サイト　競技「空手」参照。
4. 朴周鳳『韓国における伝統武芸の創造』（早稲田大学出版局・2014）参照。
5. 2020年東京オリンピック・パラリンピック公式サイト　競技「テコンドー」参照。
6. 柏崎克彦「柔道における国際化の諸問題」（『武道論集Ⅲ グローバル時代の武道』所収・国際武道大学・2012）所収。

第2章

1. 各武道の概要に関しては、日本武道館編『日本の武道』（日本武道館・2007）参照。
2. 古武道に関しては、横瀬知行『日本の古武道』（日本武道館・2000）参照。

第3章

1. 高橋昌明『武士の日本史』（岩波新書・2018）参照。
2. 上泉信綱と柳生宗厳に関しては、柳生厳長『正伝新陰流』（原版1957・島津書房・1992復刻）参照。
3. 渡邉一郎校注『兵法家伝書』（岩波文庫・1986）参照。
4. 拙著『宮本武蔵――「兵法の道」を生きる』（岩波新書・2008）参照。
5. 拙稿「一八世紀における武術の再編」（笠谷和比古編『一八世紀日本の文化状況と国際環境』（思文閣出版・2011）参照。
6. 拙稿「一九世紀における剣術の展開とその社会的意味」（笠谷和比古編『徳川社会と日本の近代化』（思文閣出版・2015）参照。

第4章

1. 講道館編『嘉納治五郎大系』第二巻（本の友社・1988）所収。
2. 櫻井保之助『阿波研造―大いなる射の道の教え』（阿波研造先生生誕百年祭実行委員会・1981）参照。

第5章

1. 藤木久志『刀狩り』（岩波新書・2005）参照。
2. 山本礼子『米国滞日占領政策と武道教育：大日本武徳会の興亡』（日本図書センター・2004）参照。
3. 山田奨治、アレキサンダー・ベネット編『日本の教育に武道を』（明治図書・2004）参照。
4. 中村民雄『今、なぜ武道か』（日本武道館・2007）および全国高等学校体育連盟ホームページ参照。
5. スポーツ基本法に関しては、文部科学省・スポーツ庁の、指導員に関しては各武道連盟およびスポーツ協会のHP参照。
6. フランスの柔道に関しては、濱田初幸「フランスの柔道指導者資格制度を考える」（『武道学研究』48巻2号所収・2015）参照。
7. ドイツ柔道連盟の少年育成プログラムについては、マーヤ・ソリドーワル「ドイツにおける柔道の現状――指導法を中心に」（『武道論集Ⅲ グローバル時代の武道』所収・国際武道大学・2012）参照。

第6章

1. 拙訳『新訳　弓と禅』（角川ソフィア文庫・2015）参照。阿波研造とヘリゲルの生涯、本書の思想史的な位置づけに関しても解説。
2. 無影心月流道場の鷺野暁師の指導で無心の射に至るまでの自身の体験を書いているのが、中西政二『弓と禅』（春秋社・1977・2008復刊）。付録に梅路見鸞の『武禅』誌掲載の論稿が一部復刻されている。
3. 拙著『宮本武蔵　五輪書』（解説と原文抄録・現代語訳。なお宮本武蔵の生涯と『五輪書』以前の著作からの詳しい研究は、拙著『宮本武蔵――日本人の道』（ぺりかん社・2002）参照。

付録１

武道憲章

武道は、日本古来の尚武の精神に由来し、長い歴史と社会の変遷を経て、術から道に発展した伝統文化である。

かつて武道は、心技一如の教えに則り、礼を修め、技を磨き、身体を鍛え、心胆を錬る修業道・鍛錬法として洗練され発展してきた。このような武道の特性は今日に継承され、旺盛な活力と清新な気風の源泉として日本人の人格形成に少なからざる役割を果たしている。

いまや武道は、世界各国に普及し、国際的にも強い関心が寄せられている。我々は、単なる技術の修練や勝敗の結果にのみおぼれず、武道の真髄から逸脱することのないよう自省するとともに、このような日本の伝統文化を維持・発展させるよう努力しなければならない。

ここに、武道の新たな発展を期し、基本的な指針を掲げて武道憲章とする。

（目　的）第　一　条

武道は、武技による心身の鍛錬を通じて人格を磨き、識見を高め、有為の人物を育成することを目的とする。

（稽　古）第　二　条

稽古に当たっては、終始礼法を守り、基本を重視し、技術のみに偏せず、心技体を一体として修練する。

（試　合）第　三　条

試合や形の演武に臨んでは、平素錬磨の武道精神を発揮し、最善を尽くすとともに、勝っておごらず負けて悔まず、常に節度ある態度を堅持する。

（道　場）第　四　条

道場は、心身鍛錬の場であり、規律と礼儀作法を守り、静粛・清潔・安全を旨とし、厳粛な環境の維持に努める。

（指　導）第　五　条

指導に当たっては、常に人格の陶冶に努め、術理の研究・心身の鍛錬に励み、勝敗や技術の巧拙にとらわれることなく、師表にふさわしい態度を堅持する。

（普　及）第　六　条

普及に当たっては、伝統的な武道の特性を生かし、国際的視野に立って指導の充実と研究の促進を図るとともに武道の発展に努める。

昭和62年4月23日制定
日本武道協議会

付録2

武道の主な参考書紹介

1. 今村嘉雄ら編『日本武道大系』（全10巻）同朋舎出版　1982

江戸時代の流派の伝書類がまとめて翻刻されている。剣術3巻、弓術1巻、柔術1巻、薙刀・槍術・棒術他1巻、砲術・水術・忍術・馬術1巻、空手道・合気道・少林寺拳法他1巻、武芸随筆1巻、武道の歴史1巻。

2. 吉丸一昌編『武術叢書』原版：1915、復刻版：名著刊行会　1978

武芸者150人の伝記を載せた『本朝武芸小伝』（1716）を巻頭に、流派武術の系統図、沢庵『不動智』、宮本武蔵『五輪書』から千葉周作門下の伝書まで、江戸時代の重要な21点の原典を翻刻している。

3. 渡辺一郎編『武道の名著』東京コピイ出版部　1979

江戸中期から後期の特色ある剣術・柔術・弓術・馬術・槍術・兵学の伝書20編について、解説とともに原典とその註解をつけている。

4. 笹間良彦『図説 日本武道辞典』柏書房初版：1982、普及版：2003

歴史的な起こりから現代武道まで武道に関して網羅的に項目を立て、図解を多く載せて解説した大冊の辞典。

5. 綿谷雪・山田忠史編『増補武芸流派大事典』東京コピイ出版部　1982

武術の流派について、網羅的に挙げて説明している大冊の事典。主な武芸者については簡単な伝記も載せる。

6. 二木謙一・入江康平・加藤寛編『日本史小百科武道』東京書籍　1994

1. 武道のおこり、2. 武道の発達（江戸時代の流派武術）、3. 広まる武道（近代から現代の武道の展開）、4. 現代に生きる武道文化（稽古・礼・構えなど）コンパクトにまとめている。

7. 井上俊『武道の誕生』吉川弘文館　2004

講道館柔道の成立と発展、海外の普及、また大正後期から昭和前期の武道とスポーツの関係、スポーツの武道化などについて、社会学の観点から論じる。

8. 中村民雄『今、なぜ武道か』日本武道館　2007

江戸時代から近代までの武道の身体技法・施設・道具・制度・技の体系についての詳しい武道史を踏まえながら、現代の武道についての数々の問題提起をしている。

9. 山田奨治・A／ベネット編『日本の教育に武道を』明治図書　２００４
２００１年に国際日本文化研究センターで行われた武道の国際シンポジウムの論文集。武道の理念、概念、教育、国際環境、公開講演の5部構成で、23人の論稿と討議のまとめ、講演原稿を掲載。（英語版〝BudoPerspectives〟KendoWorldPressNewZealand2003）。

10. 日本武道館編『日本の武道』日本武道館　２００７
日本武道協議会設立30周年記念企画。武道の歴史と古武道について論じた後、柔道・剣道・弓道・相撲・空手道・合気道・少林寺拳法・なぎなた・銃剣道の各連盟が、それぞれの歴史や組織・理念・すすめ・指導・当面する課題・将来展望を書いている。また組織・研究機関の概要、資料編には武道近代１４０年の歴史など掲載。

11. 横瀬知行『日本の古武道』日本武道館　２０００
著者が古武道の剣術・柔術・弓馬術・槍術・薙刀術・鉄砲・鎖鎌術、水術など30流派の継承者を尋ねて各流派の歴史、技法（主な技の写真掲載）、関係人物の評伝、現宗家の修行時代などもコラムで紹介する。

12. 富永堅吾『剣道五百年史』原版１９７２：復刻新版
剣道の歴史を、足利・室町時代の勃興、足利後期、織豊時代の隆昌発展、徳川時代の初期、中期、後期の剣道の展開と主な流儀と剣道家を論じ、伝書、道場、修行道程、竹刀・防具のなどを論じる。論じる材料とした富永家蔵書目録を載せる。剣術書４９０点の他、武術各種の伝書約１４６２点を載せる（現在、熊本県立図書館に「富永文庫」として寄贈されている）。

13. 全日本剣道連盟編『剣道の歴史』全日本剣道連盟　２００３
総論で歴史を概観（4章）した後、理念史（13章）、組織史（15章）、技術史（15章）、教育史（9章）、資料篇、参考文献、年表を載せる。江戸中期の撃剣以降だが、最近の研究が集成されている。

14. 日本武道学会剣道専門分科会編『剣道を知る事典』東京堂出版　２００９
稽古（10）、技術（21）、試合（8）、審査（5）、生涯剣道（7）、施設・用具（12）、普及発展（14）、現代剣道への架け橋（9）に関して数字の項目を立てて解説。付録年表、試合など。執筆者41名。

15. 入江康平『弓射の文化史』原始～中世編、近世～現代編　雄山閣　２０１８
２冊で最初は「狩猟具から文射武射へ」、後者は「射芸の探求と教育の道」と副題が付いている。豊富な文献に基づいて弓道の通史が論じられている。

16．藤堂良明『柔道の歴史と文化』不昧堂出版　２００７
柔術の諸流派の歴史と文化を論じた後、講道館柔道の成立を詳しく述べ、さらに柔道の国際化への歩みも論じている。

17．生誕１５０周年記念出版委員会編『嘉納治五郎』筑波大学出版会　２０１１
嘉納が長年校長を務めた東京高等師範学校を継いだ筑波大学で編まれた論集。外国人も含め17名が寄稿。

18．金城裕『唐手から空手へ』日本武道館　２０１１
唐手に志してから大正、昭和、平成と3代85年の著者が教育唐手から武道空手への展開を述べる。「糸洲安恒十訓」唐手１４の型（首里手7型＋糸洲創案7型を加えた）を重視する。空手道史の諸資料にも言及。

19．寒川恒夫『日本武道と東洋思想』平凡社　２０１４
日本の武術・武道において、殺傷戦闘技術から精神修養の道へといかに展開したのか、心術武術として「技をめぐる悟りの世界を論じる。柔道を心法から科学へと捉え、現代の武道の国際化まで論じる。

20．中嶋哲也『近代日本の武道論』国書刊行会　２０１７
明治期に「術」から「道」へとして武道が誕生し、大正期には「スポーツ化」が言われ、昭和初期には古武道が発見されるなど、近代における武道の語られ方を膨大な資料で論じた研究書。

21．国際武道大学武道・スポーツ研究所編『武道論集』
Ⅰ．武道の歴史とその精神（増補版）、Ⅱ．中学校の武道必修化に伴う武道の指導法、Ⅲ．グローバル時代の武道の3集。各集で著者が趣旨と概論を書き、各武道の専門家の諸論を載せている（第Ⅰ集、第Ⅲ集は英語版も刊行）。国際武道大学リポジトリで公開されている。

22．魚住孝至『文学・芸術・武道からみる日本文化』放送大学教育振興会　２０１９
縄文以来の日本文化論の中で武道を論じた。第10章武芸鍛練の道―江戸初期の他、第13章江戸後期、第14章近代、第15章現代で武道を論じる。テレビ科目なので第10回では新陰流と二天一流の演武、第15回では柔道の演武映像がある（BS231chでは一般でも視聴可）。また『道を極める――日本人の心の歴史』（放送大学教育振興会・２０１６）では、平安以降の「歌の道」、「芸道」に続いて、第10章から「兵法の道」、第14章「近代武道の諸相」を論じる。

あとがき

武道の歴史と文化をもっと広く知っていただきたいという思いで本書を書いた。

武道の愛好家はかなりの数おられる。それぞれの武道に関する書籍も数多く出版されている。けれども武道が日本文化であることは、一般にはあまり意識されていないように思う。武道は伝統的なものだとは思っていても、ではその歴史はどうなのか、よく知られていない。また、武道が今日、国際的に非常に広がっていることも、あまり知られていないようである。

武道の原型は、江戸時代に実戦武術が禁じられた中で、武士により、その生き方として培われた文化である。明治維新以後の近代化、また敗戦以後の現代化によって日本の社会が大きく変動する中で、武道も大きく変容した。けれどもその根底の精神は、一応は受け継がれている。現代行われているスポーツ文化が100年余りの伝統であるのに対して、400年の歴史はやはり重い。そこで培われた身心の鍛練という考え方は、現代の武道のみならず、日本のスポーツ全般にも広く見られるようである。

それにもかかわらず、戦後日本では占領軍による武道禁止令が大きく影響して、武道の歴史や精神性を抑制してきた歴史があり、日本人自身が武道に無関心できたように思う。武道は、無形の身体文化なので、文献に表現されることは少なかったし、流派の中で秘伝書とされてきた。武士道の研究においてすら、武芸鍛錬をまともに取り上げるのが避けられてきた。さらに知識人は、武道を体育会系として敬遠してきたようである。一般のマスコミでは、オリンピック関係での柔道と空手道以外は、武道が取り上げられることは非常に少ない。

武道は今、中学校の体育で必修とされているが、他方では、中学校や高等学校の部活動の武道種目人数が弓道以外は年々減少している。武道の若い世代への伝承はかつてないほどに厳しくなっているのが現状である。

けれども海外では、武道は日本文化として受け取られ、実際に修練する人も多くいて、それなりに関心も高い。外国人の方が熱心に武道の歴史を研究し、またいくつかの武道を兼ねて稽古している人もかなりいる。オリンピックにみられるように、柔道や空手道の道場は世界中に広がっている。そうして武道はグローバル化する中で、伝統的なやり方は否応なく変容せざるを得ない。

21世紀に入ってからの変容も大きい今、改めて武道をきちんと日本文化として知って、今後の展開も考えておくことが必要であると思う。

「武道と日本人」の書名は、出版社側から提案があった時、大仰な書名にいささか躊躇はあったが、日本の歴史を踏まえて書いており、武道に日本文化がよく顕れているという趣旨からして、そうかと思って決めた。

私自身は、国際武道大学に就職してから武道を知るようになった。日本武道館の後援で創立された大学には、戦前の武道を知る世代の先生もおられた。当時は武道人口もピークであり、武道を国際的にも広めようとする機運もあった。特に剣道の小森園正雄範士九段に親しくお話しいただき、京都大会にも誘われ、日本剣道形の指導を受けることもできた。弓道は菊地慶孝範士、池田賢司教士に学んだ後、無影心月流の鷺野暁師範に師事した。また、研究する立場から各武道連盟の主だった方々にもお会い出来たのは幸運だった。

それから30年余り、武道も世代交代をして、大きく様変わりした。私自身も研究所長となって、２００８年から２０１２年にかけて『武道論集』３冊を編集した。柔道や剣道、なぎなた、弓道、空手道などの「武道の歴史とその精神」、「中学校の武道必修化に向けての指導法」で具体的な指導案、そして「グローバル時代の武道」で、中国武術や韓国武芸と比較した後、武道の国際化の現状と課題を、それぞれの専門家に書いていただいた。この『武道論集』3集は、日本武道館の補助で刊行され、武道の講習会など関係者に配布され、好評を得たが、その内容をもっと広く知ってほしいと思っていた。

本書は、田中隆博氏の熱心な勧めにより書くことになった。剣道をされる若い編集者だが、何度も研究室に来られて写真その他、万事丁寧に作っていただいた。

今の時期だけに、オリンピックの柔道、空手道から入ることにした。新書であるので、武道の歴史の概略を論じることにした。最後は、これまで専門的に研究した武道の古典を合わせて考えてみることにした。

国際武道大学で親しかった柏崎克彦先生（八段）には柔道の話をいろいろ聞いていたが、本書でも柔道関係を詳しくチェックしていただき、間違っている箇所を指摘いただいたのは本当にありがたかった。また大学院に留学してきた朴周鳳氏にテコンドー関係を、マーヤ・ソリドワール氏には、空手道関係やドイツの柔道指導法について見ていただいた。二人がそれぞれに研究者として活躍されているのは嬉しい。

また、口絵の刀に関しては、どうしても本物の日本刀の写真を載せたいと、かねてより親しくさせていただいてきた大保木輝雄先生にお願いして御所蔵の愛刀を撮らせていただいた。あつかましいお願いにもかかわらず快く承知いただき、深く感謝します。日本武道館、国際武道大学図書館をはじめ、関係各位に協力を得たことにも感謝したい。

いつもながら妻和子には、厳しくチェックしてもらった。

オリンピックの話から入ったが、武道を日本文化として位置づけ、現状も知って将来を考えることは、オリンピック後にこそ問題になることだと思っている。著者のその思いを汲んでいただければ、ありがたく存じます。

2019年10月

魚住孝至

口絵・日本刀撮影／木村直人
本文デザイン・ＤＴＰ／センターメディア

青春新書 *INTELLIGENCE*　　こころ涌き立つ「知」の冒険

いまを生きる

〝青春新書〟は昭和三一年に――若い日に常にあなたの心の友として、その糧となり実になる多様な知恵が、生きる指標として勇気と力になり、すぐに役立つ――をモットーに創刊された。

そして昭和三八年、新しい時代の気運の中で、新書〝プレイブックス〟にその役目のバトンを渡した。「人生を自由自在に活動《プレイ》する」のキャッチコピーのもと――すべてのうっ積を吹きとばし、自由闊達な活動力を培養し、勇気と自信を生み出す最も楽しいシリーズ――となった。

いまや、私たちはバブル経済崩壊後の混沌とした価値観のただ中にいる。その価値観は常に未曾有の変貌を見せ、社会は少子高齢化し、地球規模の環境問題等は解決の兆しを見せない。私たちはあらゆる不安と懐疑に対峙している。

本シリーズ〝青春新書インテリジェンス〟はまさに、この時代の欲求によってプレイブックスから分化・刊行された。それは即ち、「心の中に自らの青春の輝きを失わない旺盛な知力、活力への欲求」に他ならない。応えるべきキャッチコピーは「こころ涌き立つ〝知〟の冒険」である。

予測のつかない時代にあって、一人ひとりの足元を照らし出すシリーズでありたいと願う。青春出版社は本年創業五〇周年を迎えた。これはひとえに長年に亘る多くの読者の熱いご支持の賜物である。社員一同深く感謝し、より一層世の中に希望と勇気の明るい光を放つ書籍を出版すべく、鋭意志すものである。

平成一七年　　　刊行者　小澤源太郎

著者紹介

魚住孝至〈うおずみ　たかし〉

1953年生まれ。1983年東京大学大学院人文科学研究科博士課程単位取得満期退学、国際武道大学教授を経て、放送大学教授、博士(文学)。専攻は倫理学、日本思想、実存思想。

武道《ぶどう》と日本人《にほんじん》

青春新書
INTELLIGENCE

2019年11月30日　第1刷

著　者　魚《うお》住《ずみ》孝《たか》至《し》

発行者　小澤源太郎

責任編集　株式会社プライム涌光

電話　編集部　03(3203)2850

発行所　東京都新宿区若松町12番1号 〒162-0056　株式会社青春出版社

電話　営業部　03(3207)1916　振替番号　00190-7-98602

印刷・大日本印刷　製本・ナショナル製本

ISBN978-4-413-04585-8